탈출기

최서해

홍염 / 고국 / 그믐밤 / 폭군 / 기아와 살육
박돌의 죽음 / 십삼 원 / 백금 / 큰물 진 뒤

SR&B(새로본닷컴)

유덕장의 〈묵죽도〉

〈베스트 논술 한국대표문학(전60권)〉을 펴내며

어린 시절의 독서는 평생의 이성과 열정을 보장해 줄 에너지의 탱크를 채우는 일입니다. 인생의 지표를 세울 수 있는 가장 믿을 만한 방법이기도 합니다.

새로 접하는 사물의 이치를 터득하려면 그 정보를 대뇌 속에 담는 프로그램이 마련되어 있어야 합니다. 그 프로그램을 구축하는 가장 효과적인 방법이 지속적인 독서입니다. 독서는 책과 나의 쌍방향적인 대화이며 만남이며 스킨십입니다.

그러나 단순한 독서만으로는 생각하는 힘과 정확히 표현하는 힘을 키울 수 없습니다. 〈베스트 논술 한국대표문학〉은 이에 유의하여 다음과 같이 편찬하였습니다.

① 초·중·고 교과서에 실린 고전 및 현대 문학 작품부터 〈삼국유사〉, 〈난중일기〉, 〈목민심서〉 등 우리의 정신을 일깨워 주고 우리에게 지혜와 용기를 준 '위대한 한국 고전'에 이르기까지 한 권 한 권을 가려 뽑았습니다.

② 각 권의 내용과 특성을 분석하여, '작가와 작품 스터디', '논술 가이드' 등을 덧붙여 생각하는 힘, 표현하는 힘을 키울 수 있도록 각 분야의 권위 학자, 논술 전문가들이 심혈을 기울였습니다.

③ 특히 현대 문학 부문은 최근 학계에서, 이 때까지의 오류를 바로잡아 정확한 텍스트를 확정한 것을 반영하였고, 고전 부문은 쉽고 아름다운 현대 국어로 재현하였습니다.

④ 각 작품에 관련된 작가의 고향을 비롯한 작품의 배경, 작품의 참고 자료 등을 일일이 답사 촬영하거나 수집·정리하여 화보로 꾸몄고, 각 작품의 갈피 갈피마다 아름다운 그림을 넣어, 작품에 좀더 친근감 있게 접근할 수 있도록 하였습니다.

이 〈베스트 논술 한국대표문학〉이 여러분이 '큰 사람', '슬기로운 사람'이 되는 데 충실한 밑거름이 되기를 바랍니다.

〈베스트 논술 한국대표문학〉 편찬위원회

최서해

최서해의 〈탈출기〉가 발표되었던
〈조선 문단〉

최서해의 고향인 함경도 성진

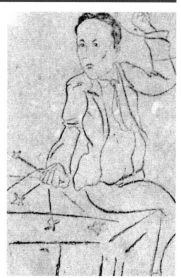

최서해 삽화

최서해의 가족(뒷줄 왼쪽) 사진

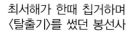
최서해가 한때 칩거하며
〈탈출기〉를 썼던 봉선사

〈고국〉 홍범도 장군이 이끈
대한 독립군의 만주 봉오동 대첩

〈고국〉 만주에서 활동한
독립군 부대인
서로 군정서군의
군자금 영수증

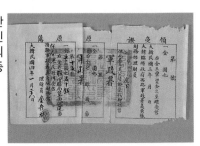

〈고국〉 김좌진 장군이 이끈 만주 청산리 대첩

〈고국〉 만주 청산리 대첩에 쓰였던 독립군 무기류

최서해의 미망인

최서해 묘지에 모인 친척들

차례

탈출기

탈출기

1

김군! 수삼차 편지는 반갑게 받았다. 그러나 나는 한 번도 회답치 못하였다. 물론 군의 충정에는 나도 감사를 드리지만 그 충정을 나는 받을 수 없다.

—— 박군! 나는 군의 탈가*를 찬성할 수 없다. 음험한 이역에 늙은 어머니와 어린 처자를 버리고 나선 군의 행동을 나는 찬성할 수 없다. 박군! 돌아가라, 어서 집으로 돌아가라, 군의 부모와 처자가 이역 노두*에서 방황하는 것을 나는 눈앞에 보는 듯싶다. 그네들의 의지할 곳은 오직 군의 품밖에 없다. 군은 그네들을 구하여야 할 것이다.

군은 군의 가정에서 동량*이다. 동량이 없는 집이 어디 있으랴? 조그마한 고통으로 집을 버리고 나선다는 것이 의지가 굳다는 박군으로서는 너무도 박약한 소위이다.

＊ **탈가**(脫家) 집을 벗어남.
＊ **노두**(路頭) 길거리.
＊ **동량**(棟梁) 마룻대와 들보.

군은 ××단에 몸을 던져 ×선에 섰다는 말을 일전 황군에게서 듣기는 하였으나, 그렇다 하여도 나는 그것을 시인할 수 없다. 가족을 못 살리는 힘으로 어찌 사회를 건지랴.

박군! 나는 군이 돌아가기를 충정으로 바란다. 군의 가족이 사람들 발 아래서 짓밟히는 것을 생각할 때 군의 가슴인들 어찌 편하랴.

김군! 군은 이러한 말을 편지마다 썼지? 나는 군의 뜻을 잘 알았다. 사랑하는 나의 가족을 위하여 동정하여 주는 군에게 내 어찌 감사치 않으랴?

정다운 벗의 충고에 나는 늘 울었다. 그러나 그 충고를 들을 수 없다. 듣지 않는 것이 군에게는 고통이 되는지 분노가 되는지? 나에게 있어서는 행복일는지도 알 수 없는 까닭이다.

김군! 나도 사람이다. 정애가 있는 사람이다. 나의 목숨 같은 내 가족이 유린받는 것을 내 어찌 생각지 않으랴? 나의 고통을 제삼자로서는 만분의 일이라도 느낄 수 없을 것이다.

나는 이제 나의 탈가한 이유를 군에게 말하고자 한다. 여기 대하여 동정과 비난은 군의 자유이다. 나는 다만 이러하다는 것을 군에게 알릴 뿐이다. 나는 이것을 군이 아니면 다른 사람에게라도 알리지 않고는 견딜수 없는 충동을 받는 까닭이다. 그러나 나는 단언한다. 군도 사람이니 나의 말하는 것을 부인치는 못하리라.

2

김군! 내가 고향을 떠난 것은 오 년 전이다. 이것은 군도 아는 사실이다. 나는 그 때에 어머니와 아내를 데리고 떠났다. 내가 고향을 떠나 간도로 간 것은 너무도 절박한 생활에 시든 몸이 새 힘을 얻을까 하여 새

희망을 품고 새 세계를 동경하여 떠난 것도 군이 아는 사실이다.

간도는 천부금탕*이다. 기름진 땅이 흔하여 어디를 가든지 농사를 지을 수 있고 농사를 잘 지으면 쌀도 흔할 것이다. 삼림이 많으니 나무 걱정도 될 것이 없다.

농사를 지어서 배불리 먹고 뜨듯이 지내자. 그리고 깨끗한 초가나 지어 놓고 글도 읽고 무지한 농민들을 가르쳐서 이상촌을 건설하리라. 이렇게 하면 간도의 황무지를 개척할 수도 있다.

이것이 간도 갈 때의 내 머릿속에 그렸던 이상이었다. 이 때에 나는 얼마나 기뻤으랴! 두만강을 건너고 오랑캐령을 넘어서 망망한 평야와 산천을 바라볼 때 청춘의 내 가슴은 이상의 불길에 탔다. 구수한 내 소리와 헌헌한* 내 행동에 어머니와 아내도 기뻐하였다.

오랑캐령을 올라서니 서북으로 쏠려오는 봄 세찬 바람이 어떻게 뺨을 갈기는지,

"에그 춥구나! 여기는 아직도 겨울이구나."

어머니는 수레 위에서 이불을 뒤집어썼다.

"무얼요, 이 바람을 많이 마셔야 성공이 올 것입니다."

나는 가장 씩씩하게 말하였다. 이처럼 나는 기쁘고 활기로웠다.

3

김군! 그러나 나의 이상은 물거품에 돌아갔다. 간도에 들어서서 한 달이 못 되어서부터 거칠은 물결은 우리 세 생령의 앞에 기탄없이 몰려왔다.

---

* 천부금탕 본래부터 금이 많이 나던 곳이란 뜻인 듯.
* 헌헌(軒軒)하다 풍채가 당당하고 빼어나다.

나는 농사를 지으려고 밭을 구하였다. 빈 땅은 없었다. 돈을 주고 사기 전에는 한 평의 땅이나마 손에 넣을 수 없었다. 그렇지 않으면 지나인(중국 사람)의 밭을 도조*나 타조*로 얻어야 된다. 일 년 내 중국 사람에게서 양식을 꾸어 먹고 도조나 타조를 지으면 가을 추수는 빚으로 다 들어가고 또 처음 꼴이 된다. 그러나 농사라고 못 지어 본 내가 도조나 타조를 얻는대야 일 년 양식 빚도 못 될 것이고 또 나 같은 시로도*에게는 밭을 주지 않았다.

생소한 산천이요, 생소한 사람들이니, 어디 가 어쩌면 좋을는지? 의논할 사람도 없었다. H라는 촌 거리에 셋방을 얻어 가지고 어름어름하는 새에 보름이 지나고 한 달이 넘었다. 그새에 몇 푼 남았던 돈은 다 부러먹고* 밭은 고사하고 일자리도 못 얻었다.

나는 팔을 걷고 나섰다. 이리저리 돌아다니면서 구들도 고쳐 주고 가마도 붙여 주었다. 이리하여 호구하게 되었다. 이 때 H장에서는 나를 온돌쟁이*라고 불렀다. 갈아 입을 의복이 없는 나는 늘 숯검정이 꺼멓게 묻은 의복을 벗을 새가 없었다.

H장은 좁은 곳이다. 구들 고치는 일도 늘 있지 않았다. 그것으로 밥 먹기가 어려웠다. 나는 여름 불볕에 삯김도 매고 꼴도 베어 팔았다. 그리고 어머니와 아내는 삯방아 찧고 강가에 나가서 부스러진 나뭇개비를 주워서 겨우 연명하였다.

김군! 나는 이 때부터 비로소 무서운 인간고를 느꼈다. 아아, 인생이란 과연 이렇게도 괴로운 것인가 하는 것을 나는 생각하게 되었다. 나는 나에게 닥치는 풍파 때문에 눈물 흘린 일은 이 때까지 없었다. 그러

---

* 도조(賭租) 남의 손을 빌려서 부치고 해마다 벼로 무는 세.
* 타조(打租) 벼를 타작한 뒤 그 수확량에 따라 지주가 일정한 양을 도조로 거두어들이던 제도.
* 시로도 아마추어. 서툴거나 경험이 없는 사람을 낮추어 부르는 일본말.
* 부러먹다 돈이나 재물을 헛되이 다 써서 없애다.
* 온돌쟁이 구들 고치는 사람.

나 어머니가 나무를 줍고 젊은 아내가 삯방아를 찧을 때! 나의 피는 끓었으며 나의 눈은 눈물에 흐려졌다.

"에구 차라리 내가 드러누워 앓고 있지, 네 괴로워하는 꼴은 차마 못 보겠다."

이것은 언제 내가 병들어 신음할 때에 어머니가 울면서 하신 말씀이다. 이것을 무심히 들었던 나는 이 때에야 이 말의 참뜻을 느꼈다.

"아아, 차라리 나의 고기가 찢어지고 뼈가 부서지는 것은 참을 수 있으나 내 눈앞에서 사랑하는 늙은 어머니와 아내가 배를 주리고 남의 멸시를 받는 것은 참으로 견디기 어렵구나!"

나는 이렇게 여러 번 가슴을 쳤다. 나는 밤이나 낮이나, 비 오나 바람이 치나 헤아리지 않고 삯김, 삯심부름, 삯나무, 무엇이든지 가리지 않았다.

"오늘도 배고프겠구나. 아침도 변변히 못 먹고. 나는 너 배 주리지 않는 것을 보았으면 죽어도 눈을 감겠다."

내가 삯일을 하다가 늦게 돌아오면 어머니는 우실 듯하게 말씀하셨다. 그러나 나는 흔연하게,

"배는 무슨 배가 고파요."

하고 대답했다.

내 아내는 늘 별말이 없었다. 무슨 일이든지 시키는 대로 소곳하고 아무 소리 없이 순종하였다. 나는 그것이 더욱 불쌍하게 생각되었다. 나는 어머니보다도 아내 보기가 퍽 부끄러웠다.

"경제의 자립도 못 하는 내가 왜 장가를 들었누?"

이것이 부모의 한 일이었지만 나는 이렇게도 탄식하였다. 그럴수록 아내에게 대하여 황공하였고 존경하였다.

'어떻게 하면 살 수 있을까……?'

이러한 생각은 이 때 내 머리를 몹시 때렸다. 이 때 나에게는 부지런

한 자에게 복이 온다 하는 말이 거짓말로 생각되었다. 그 말을 지상의 격언으로 굳게 믿어 온 나는 그 말에 도리어 일종의 의심을 품게 되었고 나중은 부인까지 하게 되었다.

부지런하다면 이 때 우리처럼 부지런함이 어디 있으며 정직하다면 이 때 우리 식구같이 정직함이 어디 있으랴? 그러나 빈곤은 날로 심하였다. 이틀 사흘 굶은 적도 한두 번이 아니었다. 한 번은 이틀이나 굶고 일자리를 찾다가 집으로 들어가니 부엌 앞에 앉았던 아내가 (아내는 이 때에 아이를 배어서 배가 남산만하였다.) 무엇을 먹다가 깜짝 놀란다. 그리고 손에 쥐었던 것을 얼른 아궁이에 집어 넣는다. 이 때 불쾌한 감정이 내 가슴에 떠올랐다.

'……무얼 먹을까? 어디서 무엇을 얻었을까? 무엇이길래 어머니와 나 몰래 먹누? 아! 여편네란 그런 것이로구나! 아니 그러나 설마…… 그래도 무엇을 먹던데…….'

나는 그렇게 아내를 의심도 하고 원망도 하고 밉게도 생각하였다. 아내는 아무 말 없이 어색하게 머리를 숙이고 앉아서 씩씩 하다가는 밖으로 나간다. 그 얼굴은 좀 붉었다.

아내가 나간 뒤에 나는 아내가 먹다가 던진 것을 찾으려고 아궁이를 뒤졌다. 싸늘하게 식은 재를 막대기로 뒤져내니 벌건 것이 눈에 띄었다. 나는 그것을 집었다. 그것은 귤껍질이다. 거기는 베 먹은 잇자국이 났다. 귤껍질을 쥔 나의 손은 떨리고 잇자국을 보는 내 눈에는 눈물이 괴었다.

김군! 이 때 나의 감정을 어떻게 표현하면 적당할까? 오죽 먹고 싶었으면 오죽 배가 고팠으면 길바닥에 내던진 귤껍질을 주워 먹을까! 더욱 몸 비잖은* 그가! 아아, 나는 사람이 아니다. 그러한 아내를 나는 의심

---

* 몸 비잖다 아이를 배다.

하였구나! 이놈이 어찌하여 그러한 아내에게 불평을 품었는가? 나같이 간악한 놈이 어디 있으랴. 내가 양심이 부끄러워서 무슨 면목으로 아내를 볼까? 이렇게 생각하면서 나는 느껴 가며 눈물을 흘렸다. 귤껍질을 쥔 채로 이를 악물고 울었다.

"야, 어째서 우느냐? 일어나거라. 우리도 살 때가 있겠지, 늘 이렇겠느냐."

하면서 누가 어깨를 친다. 나는 그것이 어머니인 것을 알았다.

"아이구 어머니, 나는 불효외다."

하면서, 어머니의 팔을 안고 자꾸자꾸 울고 싶었다. 그러나 나는 아무 소리 없이 가슴을 부둥켜안고 밖으로 나갔다.

'내가 왜 우노? 울기만 하면 무엇하나? 살자! 살자! 어떻게든지 살아 보자! 내 어머니와 내 아내도 살아야 하겠다. 이 목숨이 있는 때까지는 벌어 보자!'

나는 이를 갈고 주먹을 쥐었다. 그러나 눈물은 여전히 흘렀다. 아내는 말없이 울고 섰는 내 곁에 와서 손으로 치마끈을 만지작거리며 눈물을 떨어뜨린다. 농삿집에서 자라난 아내는 지금도 어찌 수줍은지 내가 울면 같이 울기는 하여도 어떻게 말로 위로할 줄은 모른다.

4

김군! 세월은 우리를 위하여 여름을 항상 주지는 않았다.

서풍이 불고 서리가 내리기 시작하였다. 찬 기운은 헐벗은 우리를 위협하였다. 가을부터 나는 대구어 장사를 하였다. 삼 원을 주고 대구 열 마리를 사서 등에 지고 산골로 다니면서 콩과 바꾸었다. 그러나 대구 열 마리는 등에 질 수 있었으나 대구 열 마리를 주고 받은 콩 열 말은 질 수 없었다. 나는 하는 수 없이 삼사십 리나 되는 곳에서 두 말씩 두 말씩 사흘 동안이나 져 왔다. 우리는 열 말 되는 콩을 자본 삼아 두부 장사를 시작하였다.

아내와 나는 진종일 맷돌질을 하였다. 무거운 맷돌을 돌리고 나면 팔이 뚝 떨어지는 듯하였다. 내가 이렇게 괴로울 적에 해산한 지 며칠 안 되는 아내의 괴로움이야 어떠하였으랴? 그는 늘 낯이 부석부석하였다. 그래도 나는 무슨 불평이 있는 때는 아내를 욕하였다. 그러나 욕한 뒤에는 곧 후회하였다.

콧구멍만한 부엌방에 가마니를 걸고 맷돌을 놓고 나무를 들이고 의복가지를 걸고 하면 사람은 겨우 비비고 들어앉게 된다. 뜬 김에 문창은 떨어지고 벽은 눅눅하다. 모든 것이 후줄근하여 의복을 입은 채 미지근한 물 속에 들어앉은 듯하였다. 어떤 때는 애써 갈아 놓은 비지가 이 뜬 김 속에서 쉬어 버렸다. 두붓물이 가마에서 몹시 끓어 번질 때에 우윳빛 같은 두붓물 위에 버터빛 같은 노란 기름이 엉기면 (그것은 두부가 잘 될 징조이다.) 우리는 안심한다. 그러나 두붓물이 희멀끔해지고 기름기가 돌지 않으면 거기만 시선을 쏟고 있는 아내의 낯빛부터 글러가기 시작한다. 초를 쳐 보아서 두붓발이 서지 않고 매캐지근하게* 풀려질 때에는 우리의 가슴은 덜컥한다.

"또 쉰 게로구나! 저를 어쩌누?"

젖을 달라고 빽빽 울어 대는 어린아이를 안고 서서 두붓물만 들여다보시는 어머니는 목메인 말씀을 하시면서 우신다. 이렇게 되면 온 집안은 신산*하여 말할 수 없는 음울, 비통, 처참, 소조한* 분위기에 싸인다.

"너 고생한 게 애닯구나! 팔이 부러지게 갈아서…… 그거(두부)를 팔

---

* 매캐지근하다 연기나 곰팡 냄새와 비슷하다.
* 신산(辛酸) 세상살이의 고됨.
* 소조(蕭條)하다 풍경 따위가 호젓하고 쓸쓸하다.

아서 장을 보려고 태산같이 바랐더니……."

어머니는 그저 가슴을 뜯으면서 우신다. 아내도 울듯 울듯 머리를 숙인다. 그 두부를 판대야 큰 돈은 못 된다. 기껏 남는대야 이십 전이나 삼십 전이다. 그것으로 우리는 호구를 한다. 이십 전이나 삼십 전에 어머니는 운다. 아내도 기운이 준다. 나까지 가슴이 바짝바짝 죈다.

그 날은 하는 수 없이 쉰 두붓물로 때를 에우고* 지낸다. 아이는 젖을 달라고 밤새껏 빽빽거린다. 우리의 살림에 어린것도 귀치는 않았다.

---

*에우다 다른 음식으로 끼니를 때우다.

울면서 겨자 먹기로 괴로운 대로 또 두부를 하지 않으면 안 된다. 그러나 이번에는 땔나무가 없다. 나는 낫을 들고 떠난다. 내가 낫을 들고 떠나면 산후여독으로 신음하는 아내도 낫을 들고 말없이 나를 따라 나선다. 어머니와 나는 굳이 만류하나 아내는 듣지 않는다.

내 손으로 하는 나무건만 마음놓고는 못 한다. 산 임자에게 들키면 여간한 경을 치지 않는다. 그러므로 우리는 황혼이면 산에 가서 도적나무를 하여 지고, 밤이 깊어서 돌아온다. 아내는 이고, 나는 지고, 캄캄한 밤에 산비탈을 내려오다가 발이 미끄러지거나 돌에 채이면 나는 곤두박질을 하여 나뭇짐 속에 든다.

아내는 소리없이 이었던 나무를 내려놓고 나뭇짐에 눌려서 버둥거리는 나를 겨우 끄집어 일으킨다. 그러나 내가 나뭇짐을 지고 일어나면 아내는 혼자 나뭇짐을 이지 못한다. 또 내가 나뭇짐을 벗고 아내에게 이어 주면 나는 추어 주는 이 없이는 나뭇짐을 질 수가 없다. 하는 수 없이 나는 어떤 높은 바위 위에 벗어 놓고 아내에게 이어 준다. 이리하여 비탈을 내려오면 언제 왔는지 어머니는 애를 업고 우둘우둘 떨면서 산 아래서 기다리다가도,

"인제 오니? 나는 너 또 붙들리지나 않는가 하여 혼이 났다."
하신다. 이 때마다 내 가슴은 저렸다. 나는 이렇게 나무 도적질을 하다가 중국 경찰서까지 잡혀가서는 여러 번 맞았다.

이 때 이웃에서는 우리를 조소하고 경찰에서는 우리를 의심하였다.

"흥, 신수가 멀쩡한 연놈들이 그 꼴이야. 어디 가 일자리도 구하지 않고. 그 눈이 누래서 두부장사하는 꼬락서니는 참 더러워서 못 보겠네. ×알을 달고 나서 그렇게야 살리?"
이것은 이웃 남녀가 비웃는 소리였다. 그리고 어떤 산 임자가 나무

잃은 고발을 하면 경찰서에서는 불문곡직하고 우리 집부터 수색하고 질문하면서 나를 때린다. 그러나 나는 호소할 곳이 없다.

6

김군! 이러구러 겨울은 점점 깊어 가고 기한은 점점 박도하였다. 일자리는 없고……. 그렇다고 손을 털고 앉았을 수도 없었다. 모든 식구가 퍼러퍼래서* 굶고 앉은 꼴을 나는 그저 볼 수 없었다. 시퍼런 칼이라도 들고 하루라도 괴로운 생을 모면하도록 그네들을 쿡쿡 찔러 없애고 나까지 없어지든지, 그렇지 않으면 칼을 들고 나가서 강도질이라도 하여서 기한을 면하든지 하는 수밖에는 더 도리가 없게 절박하였다.

일이 없으면 없느니만큼, 고통이 닥치면 닥치느니만큼 내 번민은 컸다. 나는 어떤 날은 거의 얼빠진 사람처럼 눈을 감고 깊은 생각에 잠긴 일도 있었다. 이 때 내 머릿속에서는 머리를 움실움실 드는 사상이 있었다. (오늘날에 생각하면 그것은 나의 전 운명을 결정할 사상이었다.) 그 생각은 누구의 가르침에 일어난 것도 아니거니와 일부러 일으키려고 애써서 일어난 것도 아니다. 봄 풀싹같이 내 머릿속에서 점점 머리를 들었다.

나는 여태까지 세상에 대하여 충실하였다. 어디까지든지 충실하려고 하였다. 내 어머니, 내 아내까지도…… 뼈가 부서지고 고기가 찢기더라도 충실한 노력으로 살려고 하였다. 그러나 세상은 우리를 속였다. 우리의 충실을 받지 않았다. 도리어 충실한 우리를 모욕하고 멸시하고 학대하였다.

---

* 퍼러퍼래서 '퍼러퍼렇다' 의 뜻인데, 여기서는 강조의 뜻.

우리는 여태까지 속아 살았다. 포악하고 허위스럽고 요사한 무리를 용납하고 옹호하는 세상인 것을 참으로 몰랐다. 우리뿐 아니라, 세상의 모든 사람들도 그것을 의식치 못하였을 것이다. 그네들은 그러한 세상의 분위기에 취하였다. 나도 이 때까지 취하였었다. 우리는 우리로서 살아온 것이 아니라 어떤 험악한 제도의 희생자로서 살아왔었다.

김군! 나는 사람들을 원망치 않는다. 그러나 마주*에 취하여 자기의 피를 짜 바치면서도 깨지 못하는 사람을 그저 볼 수 없다. 허위와 요사와 표독과 게으른 자를 옹호하고 용납하는 이 제도는 더욱 그저 둘 수 없다.

이 분위기 속에서는 아무리 노력하여도 우리는 우리의 생의 만족을 느낄 날이 없을 것이다. 어찌하여 겨우 연명을 한다 하더라도 죽지 못하는 삶이 될 것이요, 그 영향은 자식에게까지 미칠 것이다. 나는 어미 품 속에서 빽빽 하는 어린것의 장래를 생각할 때면 애잡짤한* 감정과 분함을 금할 수 없다.

내가 늘 이 상태면 (그것은 거의 정한 이치다.) 그에게는 상당한 교양은 고사하고, 다리 밑이나 남의 집 문간에 버리게 될 터이니, 아! 삶을 받은 한 생명을 죄 없이 찌그러지게 하는 것이 어찌 애닯지 않으며 분치 않으랴? 그렇다면 그것을 나의 죄라 할까?

김군! 나는 더 참을 수 없었다. 나는 나부터 살려고 한다. 이 때까지는 최면술에 걸린 송장이었다. 제가 죽은 송장으로 남(식구들)을 어찌 살리랴? 그러려면 나는 나에게 최면술을 걸려는 무리를, 험악한 이 공기의 원류를 쳐부수어야 하는 것이다.

나는 이것을 인간의 생의 충동이며 확충이라고 본다. 나는 여기서 무상의 법열을 느끼려고 한다. 아니 벌써부터 느껴진다. 이 사상이 드디

---

* 마주(魔酒) 정신을 흐리게 하는 술.
* 애잡짤하다 은근하게 매우 애절한 느낌이 있다.

어 나로 하여금 집을 탈출케 하였으며, ××단에 가입케 하였으며, 비바람 밤낮을 헤아리지 않고 벼랑 끝보다 더 험한 ×선에 서게 한 것이다.

김군! 거듭 말한다. 나도 사람이다. 양심을 가진 사람이다. 애정을 가진 사람이다. 내가 떠나는 날부터 식구들은 더 곤경에 들 줄도 나는 알았다. 자칫하면 눈 속이나 어느 구렁에서 죽는 줄도 모르게 굶어 죽을 줄도 나는 잘 안다. 그러므로 나는 이 곳에서도 남의 집 행랑어멈이나 아범이며, 노두에 방황하는 거지를 무심히 보지 않는다. 아, 나의 식구도 그럴 것을 생각할 때면 자연히 흐르는 눈물과 뿌직뿌직 찢기는 가슴을 덮쳐 잡는다.

그러나 나는 이를 갈고 주먹을 쥔다. 눈물을 아니 흘리려고 하며 비애에 상하지 않으려고 한다. 울기에는 너무도 때가 늦었으며 비애에 상하는 것은 우리의 박약을 너무도 표시하는 듯싶다. 어떠한 고통이든지 참고 분투하려고 한다.

김군! 이것이 나의 탈가한 이유를 대략 적은 것이다. 나는 나의 목적을 이루기 전에는 내 식구에게 편지도 하지 않으려고 한다. 그네가 죽어도, 내가 또 죽어도……

나는 이러다가 성공 없이 죽는다 하더라도 원한이 없겠다. 이 시대, 이 민중의 의무를 이행한 까닭이다.

아아, 김군아! 말은 다 하였으나 정은 그저 가슴에 넘치누나!

홍염

1

　겨울은 이 가난한 —— 백두산 서북편 서간도 한 귀퉁이에 있는 이 가난한 촌락 빼허(백하)에도 찾아들었다. 겨울이 찾아들면 조그만 강을 앞에 끼고 큰 산을 등진 빼허는 쓸쓸히 눈 속에 묻히어서 차디찬 좁은 하늘을 쳐다보게 된다.

　눈보라는 북국의 특색이다. 빼허의 겨울에도 그러한 특색이 있다. 이 것이 빼허의 생령들을 괴롭게 하는 것이다.

　오늘도 눈보라가 친다. 북극의 얼음 세계나 거쳐 오는 듯한 차디찬 바람이 우 하고 몰려오는 때면 산봉우리와 엉성한 가지 끝에 쌓였던 눈들이 한꺼번에 휘날려서 이 좁은 산골은 뿌연 눈안개 속에 들게 된다. 어떤 때는 강골* 바람에 빙판에 덮였던 눈이 산봉우리로 불리게 된다. 이렇게 교대적으로 산봉우리의 눈이 들로 내리고 빙판의 눈이 산봉우리로 올리달려서 서로 엇바뀌는 때면 그런대로 관계치 않으나, 하늬*와

---

　* 강골　강물이 흘러 지나가는 골.
　* 하늬　서북쪽이나 북쪽에서 부는 바람.

강바람이 한꺼번에 불어서 강으로부터 올리닫는 눈과 봉우리로부터 내리닫는 눈이 서로 부딪치고 어우러지게 되면, 눈보라와 바람 소리에 빼허의 좁은 골짜기는 터질 듯한 동요를 받는다.

등진 산과 앞으로 낀 강 사이에 게딱지처럼 끼여 있는 것이 이 빼허의 촌락이다. 통틀어서 다섯 호밖에 되지 않는 집이나마 밭을 따라서 이리저리 흩어져 있다. 모두 커다란 나무를 찍어다가 우물정 자로 틀을 짜 지은 집인데, 여기 사람들은 이것을 '귀틀집'이라 한다. 지붕은 대개 조짚이요, 혹은 나무 껍질로도 이었다. 그 꼴은 마치 우리 내지(조선 본토)의 거름집과 같다. 심하게 말하는 이는 도야지 굴과 같다고 한다.

이것이 남부여대로 서간도 산골을 찾아들어서 사는 조선 사람의 집들이다. 빼허의 집들은 그러한 좋은 표본이다.

험악한 강산, 세찬 바람과 뿌연 눈보라 속에 게딱지처럼 붙어서 위태스럽게 침묵을 지키고 있는 이 모든 집에도 어느 때든 —— 위대한 공도가 어그러지지 않으면, 언제든지 꼭 한때는 따뜻한 봄볕이 지내리라. 그러나 이렇게 눈발이 날리고 바람이 우짖으면 그 어설궂은(어설픈) 집 속에 의지 없이 들어박힌 넋들은 자기네로도 알 수 없는 공포에 몸을 부르르 떨게 된다.

이렇게 몹시 춥고 두려운 날 아침에 문 서방은 집을 나섰다. 산산이 흐트러진 머리카락을 뿌연 상투에 휘휘 걷어 감고 수건으로 이마를 질끈 동인 위에 까맣게 그을은 대팻밥 모자를 끈 달아 썼다. 부대처럼 툭툭한 토수래* 바지저고리는 언제 입은 것인지 뚫어지고 흙투성이가 되었는데 바람에 무겁게 흩날린다.

"문 서뱅이 벌써 갔소?"

문 서방은 짚신에 들막*을 단단히 하고 마당에 내려서려다가 부르는

---

* 토수래 어저귀, 아마, 무명실 등의 섬유를 삶아서 만든 굵고 거친 실로 짠 좋지 않은 천.
* 들막 들메. 끈으로 신을 발에 동여매는 일.

소리에 머리를 돌렸다. 펄쩍 문을 열면서 때가 찌덕찌덕*한 늙은 얼굴을 내미는 것은 한 관청이었다.

"왜 그러시우?"

경기 말씨가 그저 남아 있는 문 서방은 한 발로 마당을 밟고 한 발로 흙마루를 밟은 채 한 관청을 보았다.

"엑, 바름두…… 저, 액 흑……."

한 관청은 몰아치는 바람이 아츠러운지* 연방 흑흑 느끼면서,

"저, 일절 욕을 마오! 그게…… 엑, 워쩐 바름이 이런구. 그게 되놈인데, 부모두 모르는 되놈인데……."

하는 양은 경험 있는 늙은 사람의 말을 깊이 들으라는 어조이다.

"나는 또 무슨 말씀이라구! 아 그놈이 이번도 그러면 그저 둔단 말이오?"

문 서방의 소리는 좀 분개하였다. 눈을 몰아치는 바람은 또 몹시 마당으로 몰아들었다. 그 판에 문 서방은 바람을 등지고 돌아서고 한 관청의 머리는 창문 안으로 자라목처럼 움츠러들었다.

"글쎄 이 늙은 거 말을 듣소! 그놈이 제 가새비(장인)를 잘 알겠소? 흥……."

한 관청은 함경도 사투리를 뇌면서 다시 머리를 내밀었다.

"염려 마슈! 좋게 하죠."

문 서방은 더 들을 말 없다는 듯이 바람을 안고 휙 돌아섰다.

"그새 무슨 일이나 없을까?"

밭 가운데로 눈을 헤치면서 나가던 문 서방은 주춤하고 돌아다보면서 혼자 뇌었다. 눈보라 때문에 눈도 뜰 수 없거니와 지척을 분간할 수 없이 되어서 집은커녕 산도 보이지 않았다.

---

* 찌덕찌덕 '지덕지덕'의 센 말로, 먼지나 때 같은 것이 여기저기 묻어 더러운 모양.
* 아츠럽다 '악착스럽다'의 방언.

"그새 무슨 일이 날라구!"

그는 또 이렇게 혼자 뇌고 저고리 섶을 단단히 여미면서 강가로 내려
가다가 발을 돌려서 언덕길로 올라섰다. 강 얼음을 타고 가는 것이 빠르
지만, 바람이 심하면 빙판에서 걷기가 거북하여 언덕길을 취하였다. 하
도 다니던 길이라 짐작으로 걷지, 눈에 묻히어서 길이 보이지 않았다.

언덕길에 올라서니 바람은 더욱 심하였다. 우와 하고 가슴을 쳐서 뒤
로 휘딱 자빠질 것은 고사하고 눈발에 아츠럽게 낯을 치어서 눈도 뜰
수 없고 숨도 바로 쉴 수 없었다. 뻣뻣하여 가는 사지에 억지로 힘을 주
어 가면서 이를 악물고 두 마루턱이나 넘어서 '달리소' 강가에 이르니
가슴에서는 원숭이가 뛰노는 것 같고 등골에는 땀이 흘렀다. 그는 서리
가 뿌연 수염을 씻으면서 빙판을 건너갔다. 빙판에는 개가죽 모자, 개

가죽 바지에 커단 울레(신)를 신은 중국 파리꾼*들이 기다란 채찍을 휘휘 두르면서,

　"뚜—어, 뚜—어, 딱딱."

하고 말을 몰아간다.

　"꺼울리 날취(저 조선 거지 어디 가나)?"

　중국 파리꾼*들은 문 서방을 보면서 욕을 하였으나, 문 서방은 허둥허둥 빙판을 건너서 높다란 바위 모롱이를 지나 언덕에 올라섰다.

　여기가 문 서방이 목적하고 온 '달리소'라는 땅이다. 이 땅 주인은 인가라는 중국 사람인데, 그 인가는 문 서방의 사위이다. 저편 밭 가운데굵은 나무로 울타리를 한 것이 인가의 집이다. 그 밖으로 오륙 호나 되는 게딱지 같은 귀틀집은 지팡살이(소작인)하는 조선 사람들의 집이다. 문 서방은 바위 모롱이를 돌아 언덕에 오르니 산이 서북을 가리어서 바람이 좀 잠즉하여 좀 푸근한 느낌을 받았으나, 점점 인가—사위의 집 용마루가 보이고 울타리가 보이고 그 좌우의 조선 사람의 집이 보이니 스스로 다리가 움츠러지면서 걸음이 떠지었다*.

　"엑, 더러운 놈! 되놈에게 딸 팔아먹은 놈!"

　그것은 자기 스스로 한 일은 아니지만 어디선지 이런 소리가 귀청을 징징 치는 것 같은 동시에, 개기름이 번지르하여 핏발이 올올한 눈을 흉악하게 굴리는 인가—사위의 꼴이 언뜻 눈앞에 떠올라서 그는 발끝을 돌릴까말까 하고 주저하였다. 그러다가도,

　"여보, 용례(딸의 이름)가 왔소? 용례 좀 데려다 주구려!"

하고 죽어 가는 아내의 애원하던 소리가 귓가에 울려서 다시 앞을 향하였다.

　"이게 문 서뱅이! 또 딸 집을 찾아가옵느마?"

---

* 파리꾼　썰매꾼.
* 떠지다　느리고 더디어지다.

머리를 수굿하고 걷던 문 서방은 불의의 모욕이나 받는 듯이 어깨를 툭 떨어뜨리면서 머리를 들었다. 그것은 길 옆에서 도야지 우리를 치던 지팡살이꾼의 한 사람이었다.

　　"네! 아아니······."

　　문 서방은 대답도 아니요 변명도 아닌 이러한 말을 하고는 얼른얼른 인가의 집으로 향하였다. 온 동리가 모두 나서서 자기의 뒤를 비웃는 듯해서 곁눈질도 못 하였다. 여기는 서북이 가리어서 빼허처럼 바람이 심하지 않았다. 흐릿하나마 볕도 엷게 흘렀다.

2

　　"여보! 저 인가가 또 오는구려!"

　　가을볕이 쨍쨍한 마당에서 깨를 떨던 아내는 남편 문 서방을 보면서 근심스럽게 말하였다.

　　"오면 어쩌누? 와도 하는 수 없지."

　　뒤줏간 앞에서 옥수수 껍질을 바르던 문 서방은 기탄없이 말하였다.

　　"엑, 그 단련을 또 어찌 받겠소?"

　　아내의 찌푸린 낯은 스스로 흐리었다.

　　"참 되놈이란 오랑캐······."

　　"여보, 여기 왔소."

　　문 서방의 높은 소리를 주의시키던 아내는 뒤줏간 저편을 보면서,

　　"아, 오셨소?"

하고 어색한 웃음을 웃었다.

　　"예, 왔소, 장구재(주인) 있소?"

　　지주 인가는 어설픈 웃음을 지으면서 마당에 들어서다가 뒤줏간 앞

에 앉은 문 서방을 보더니,

"응, 저기 있소!"

하고 손가락질을 하면서 그 앞에 가 수캐처럼 쭈그리고 앉았다.

서천에 기운 태양은 인가의 이마에 번지르르 흘렀다.

"어디 갔다 오슈?"

문 서방은 의연히 옥수수를 바르면서 하기 싫은 말처럼 힘없이 끄집어 내었다.

"문 서방! 그래 올에도 비들(빚을) 못 가프겠소?"

인가는 문 서방 말과는 딴전을 치면서 담뱃대를 쌈지에 넣는다.

"허허, 어제두 말했지만 글쎄 곡식이 안 된 거 어떡하오?"

"안 돼! 안 돼! 곡시기 자르되고 모 되구 내가 아르오? 오늘은 받아 가지구야 가겠소!"

인가는 담배를 피우면서 버티려는 수작인지 땅에 펑덩 들어앉았다*.

"내년에는 꼭 갚아 드릴게 올만 참아 주오! 장구재도 알지만 흉년이 되어서 되지도 않은 이것(곡식)을 모두 드리면 우리는 어떻게 겨울을 나라구 응……? 자, 내년에는 꼭, 하하…….."

인가를 보면서 넋없는 웃음을 치는 문 서방의 눈에는 애원하는 빛이 흘렀다.

"안 되우! 안 돼! 퉁퉁(모두)디 주! 모두두 많이 부족이오."

"부족이 돼두 하는 수 없지. 글쎄 뻔히 보시면서 어떡하란 말이오? 휴."

"어째 어부소? 응, 니디 어째 어부소! 마리해! 울리 쌀리디, 울리 소금이디, 울리 강냉이디……. 니디 입이(그는 입을 가리키면서) 다 안 먹어? 어째 어부소, 응?"

---

*들어앉다 안쪽으로 다가앉다. 일정한 곳에 자리를 잡다.

인가는 낯빛이 검으락푸르락해서 소리를 고래고래 질렀다. 문 서방은 더 말이 나오지 않았다.

언제나 이놈의 소작인 노릇을 면하여 볼까? 경기도에서도 소작인 생활 십 년에 겨죽만 먹다가, 그것도 자유롭지 못하여 남부여대로 딸 하나 앞세우고 이 서간도로 찾아들었더니, 여기서도 그네를 맞아 주는 것은 지팡살이였다. 이름만 달랐지 역시 소작인이다. 들어오던 해는 풍년이었으나 늦게 들어와서 얼마 심지 못하였고, 그 이듬해에는 흉년으로 말미암아 일 년 내 꾸어 먹은 것도 있거니와, 소작료도 못 갚아서 인가에게 매까지 맞고 금년으로 미뤘더니 금년에도 흉년이 졌다. 다른 사람들도 빚을 지지 않은 바가 아니로되, 유독이 문 서방을 조르는 것은 음흉한 인가의 가슴 속에 문 서방의 용례(금년 열일곱)가 걸린 까닭이었다. 문서방은 벌써 그 눈치를 알아채었으나 차마 양심이 허락지 않았다. 인가의 욕심만 채우면 밭맥이나 단단히 생겨 한평생 기탄 없을 것을 모르지는 않지만, 무남독녀로 고이 기른 딸을 되놈에게 주기는 머리에 벼락이 내릴 것 같아서 죽으면 그저 굶어 죽었지 차마 할 수 없었다.

그는 그런 것 저런 것 생각할 때마다 도리어 내지 —— 쪼들려도 나서 자란 자기 고향에서 쪼들리던 옛날이 —— 삼 년 전의 그 옛날이 그리웠다. 그러나 그것도 한 꿈이었다. 그 꿈이 실현되기에는 그네의 경제적 기초가 너무도 어주리없었다. 빈 마음만 흐르는 구름에 부쳐서 내지로 보낼 뿐이었다.

"어째서 대답이 어부소, 응? 그래 울리 비디디 안 가파? 창우니! 빠피야(이놈, 껍질 벗긴다)."

인가는 담뱃대를 꽁무니에 찌르면서 일어나 앉더니 팔을 걷는다. 그것을 본 문 서방 아내는 낯빛이 파랗게 질려서 부들부들 떨면서 이편만 본다. 문 서방도 낯빛이 까맣게 죽었다.

"자, 그러면 금년 농사는 온통 드리지요."

문 서방의 목소리는 힘없이 떨렸다. 마치 종아리채를 든 초학 훈장의 앞에 엎드린 어린애의 소리처럼……

"부요우(싫어)…… 퉁퉁디 …… 모모 모두 우리 가져가두 보미(옥수수) 쓰단(4석), 쌔옌(소금) 얼씨진(20척), 쑈미(좁쌀) 디 빠단(8석) 디 유아(있다)…… 니디 자리 알라 있소! 그거 안 줘?"

검붉은 인가의 뺨은 성난 두꺼비 배처럼 불떡불떡하였다.

"나머지는 내년에 갚지요."

문 서방은 머리를 뚝 떨어뜨렸다.

"슴마(무엇)? 창우니 빠피야!"

인가의 억센 손이 문 서방을 잡았다. 문서방은 가만히 받았다. 정신이 아찔하였다.

"에구, 장구재…… 흑흑…… 장구재…… 제발 살려 줍소! 제발 살려 주시면 뼈를 팔아서라도 갚겠습니다. 장구재 제발!"

문 서방의 아내는 부들부들 떨면서 인가의 팔에 매달렸다. 그의 애걸하는 소리는 벌써 울음에 떨렸다.

"내 보미 워디 소금이 낼라! 아니 줬소? 아니 줬소? 어, 어째니 줬소?"

인가의 주먹은 문 서방의 귓벽*을 울렸다.

"아이구!"

문 서방은 땅에 쓰러지었다.

"엑 에구…… 응응응…… 에구 장구재! 제발 제제…… 흑 제발 살려 줍소…… 응."

쓰러지는 문 서방을 붙잡던 아내는 인가를 보면서 땅에 엎드려서 손을 비빈다.

＊ 귓벽 귀의 안쪽 벽.

"이 상느므 샛지(상놈의 자식)…… 니디 로포(아내) 워디(내가) 가져

　가!"

하고 인가는 문 서방을 차더니, 엎디어서 손이야 발이야 비는 문 서방

의아내의 손목을 잡아 끌었다.

　"니디 울리 집이 가! 오늘리부터 니디 울리 에미네(아내)!"

　"장구재…… 제발…… 에이구 응?"

　"에구, 엄마."

　집 안에서 바느질하던 용례가 내달았다. 인가는 문 서방의 아내를 사

정없이 끌고 자기 집으로 향한다.

　"나를 잡아가라! 나를……."

　쓰러졌던 문 서방은 인가의 팔을 잡았다.

　"타마나!"

하는 소리와 함께 인가의 발길은 문 서방의 불꺼름으로 들어갔다. 문

서방은 거꾸러졌다.

　"아이구, 어머니! 왜 울 어머니를 잡아가오? 응응…… 흑."

　용례는 어머니의 팔목을 잡은 중국인의 손을 물어뜯었다. 용례를 본

인가는 문 서방의 아내를 놓고 문 서방의 딸 용례를 잡았다.

　"이 개새끼야! 이것 놔라. 응응, 흑…… 아이구 아버지…… 엄마!"

　억센 장정 인가에게 티끌같이 끌려가는 연연한 처녀는 몸부림을 하

면서 발악을 하였다.

　"용례야! 아이구 우리 용례야!"

　"에이구 응…… 너를 이 땅에 데리고 와서 개 같은 놈에게……."

　문 서방의 내외는 허둥지둥 달려갔다. 낯빛이 파랗게 질린 흰옷 입은

사람들은 쭉 나와서 섰건마는, 모두 시체같이 서 있을 뿐이었다. 여편

네 몇몇은 치맛자락으로 눈물을 씻었다.

　의연히 제 걸음을 재촉하는 볕은 서산에 뉘엿뉘엿하였다. 앞 강으로

올라오는 찬바람은 스르르 스쳐가는데, 석양에 돌아가는 까마귀 울음은 의지 없는 사람의 넋을 호소하는 듯 처량하였다.

"에구, 용례야! 부모를 잘못 만나서 네 몸을 망치는구나! 에구, 이놈의 돈이 우리를 죽이는구나!"

문 서방 내외는 그 밤을 인가의 집 울타리 밖에서 새었다. 누구 하나 들여다보지도 않는데, 인가의 집에서 내놓은 개들은 두 내외를 잡아먹을 듯이 짖으며 덤벼들었다. 이리하여 용례는 영영 인가의 손에 들어갔다. 며칠 후에 인가는 지금문 서방이 있는 빼허에 땅 날갈이*나 있는 것을 문 서방에게 주어서 그리로 이사시켰다. 문 서방은 별별 욕과 애원을 하였으나, 나중에 인가는 자기 집 일꾼들을 불러서 억지로 몰아내었다. 이리하여 문 서방은 차마 생목숨을 끊기 어려워서 원수가 주는 땅을 파먹게 되었다. 그것이 작년 가을이었다.

그 뒤로 인가는 절대로 용례를 밖으로 내보내지 않을 뿐만 아니라, 그 어버이 되는 문 서방 내외에게도 보이지 않았다.

"용례는 매일 밥도 안 먹고 어머니 아버지만 부르고 운다."
하는 희미한 소식을, 인가의 집에 가까이 드나드는 중국인들에게서 들을 때마다 문 서방은 가슴을 치고 그 아내는 피를 토하였다.

이리하여 문 서방의 아내는 늦은 여름부터 아주 병석에 드러누웠다. 그는 병석에서 매일 용례만 부르고 용례만 보여 달라고 졸랐다. 그래서 문 서방은 벌써 세 번이나 인가를 찾아가서 말했으나 효과가 없었다. 이번까지 가면 네 번째다. 이번은 어떻게 성사가 될는지? (간도에 있는 중국인들은 조선 여자를 빼앗아가든지 좋게 사 가더라도 밖에 내보내지도 않고 그 부모에게까지 흔히 면회를 거절한다. 중국인은 의심이많아서 그런다고 한다.)

| * 날갈이 하루 낮 동안에 갈 수 있는 밭의 넓이.

3

문 서방은 울긋불긋한 채필로 '관운장'과 '장비'를 무섭게 그려 붙인 인가의 집 대문 앞에 섰다. 문 밖에서 뼈다귀를 핥던 얼룩개 한 마리가 웡웡 짖으면서 달려들더니 이 구석 저 구석에서 개 무리가 우 하고 덤벼들었다. 어떤 놈은 으르렁 으르고, 어떤 놈은 뒷다리 사이에 바싹 끼면서 금방 물듯이 송곳 같은 이빨을 악물었고, 어떤 놈은 대들었다가는 뒷걸음치고 뒷걸음을 쳤다가는 대어들면서 산천이 무너지게 짖고, 어떤 놈은 소리도 없이 코만 실룩샐룩하면서 달려들었다. 그 여러 놈들이 문 서방을 가운데 넣고 죽 둘러서서 각각 제 재주대로 날뛴다.

그렇지 않아도 지금 개 때문에 대문 밖에서 기웃거리던 문 서방은 이 사면초가를 어떻게 막으면 좋을지 몰랐다. 이러는 판에 한 마리가 획 들어와서 문서방의 바짓가랑이를 물었다.

"으악…… 꺼우디(개를)!"

문 서방이 소리를 치면서 돌멩이를 찾느라고 엎드리는 것을 보더니 개들은 일시에 뒤로 물러났으나 또다시 덤벼들었다.

"창우니 타마나가비(상소리다)!"

안에서 개가죽 모자를 쓰고 뛰어나오는 일꾼은 기다란 호미자루를 두르면서* 개를 쫓았다. 개들은 몰려가면서도 몹시 짖었다.

문 서방은 조짚, 수수깡이 지저분하게 널려 있는 마당을 지나서 왼편 일꾼들 있는 방문으로 들어갔다. 누릿하고 퀴퀴한 더운 기운이 후끈 낯을 스칠 때, 얼었던 두 눈은 뿌연 더운 안개에 스르르 흐리어서 어디가 어디인지 잘 분간을 할 수 없었다.

"윈따야 랠라마(문 영감 오셨소)?"

■ *두르다 휘두르다.

캉(구들)에서 지껄이던 중국인 중에서 누군지 첫인사를 붙였다.

"에헤 랠라 장구재 유(있소)?"

문 서방은 어색한 웃음을 지었다. 얼었던 몸은 차차 녹고 흐리었던 눈앞도 점점 밝아졌다.

"쌍캉바(구들로 올라오시오)!"

구들 위에서 나는 틱틱한 소리는 인가였다. 그는 일꾼들과 무슨 의논을 하던 판인가? 지껄이는 일꾼들은 고요히 앉아서 담배를 피우면서 호기심에 번득이는 눈을 인가와 문 서방에게 보내었다. 어느 천년에 지은 집인지, 거미줄이 얼키설키 서린 천장과 벽은 아궁이 속같이 까만데, 벽에 붙여 놓은 삼국풍진도며 춘야도리원도는 이리저리 찢기고 그을었다. 그을음과 담배 연기에 싸여서 눈만 반짝이는 무리들은 아귀도*를 생각하게 한다. 문 서방은 무시무시한 기분에 몸을 부르르 떨었다.

"추앤바(담배 잡수시오)!"

인가는 웬일인지 서투른 대로 곧잘 하던 조선말은 하지 않고, 알아도 못 듣는 중국말을 쓰면서 담뱃대를 문 서방 앞에 내밀었다.

"여보 장구재! 우리 로포가 딸(용례)을 못 봐서 죽겠으니 좀 보여 주,응?"

문 서방은 담뱃대를 받으면서 또 전처럼 애걸하였다. 인가는 이마를 찡그리면서 볼을 불렸다.

"저게(아내) 마지막 죽어 가는데 철천지 한이나 풀어야 하잖겠소, 응? 한 번만 보여 주! 어서 그리우! 내가 용례를 만나면 꾀일까 봐?······ 그럴 리 있소! 이렇게 된 바에야 한 번만······. 낯이나······ 저 죽어 가는 제 에미 낯이나 한 번 보게 해 주! 네? 제발!"

"안 되우! 보내지 못하겠소. 우리 집이 문 밖에 로포(용례를 가리키는

---

* 아귀도(餓鬼道) 삼악도의 하나. 아귀들이 모여 사는 세계로, 음식을 보면 불로 변하여 늘 굶주리고 항상 매를 맞는다고 함.

말) 나갔소. 재미 어부소."

배짱을 부리는 인가의 모양은 마치 전당포 주인과 같은 점이 있었다. 문 서방의 가슴은 죄었다. 아쉽고 안타깝고 슬픔이 어우러지더니 분한 생각이 났다. 부뚜막에 놓은 낫을 들어서 인가의 배를 왁 긁어 놓고 싶었으나 아직도 행여나 하는 바람과 삶에 대한 애착심이 그 분을 제어하였다.

"그러지 말고 제발 보여 주오! 그러면 내 아내를 데리고 올까? 아니, 바람을 쏘여서는…… 엑 죽어도 원이나 끄고 죽게 내가 데리고 올게 낯만 슬쩍 보여 주오, 네? 흑…… 꼭…… 제발……."

이십 년 가까이 손끝에서 자기 힘으로 기른 자기 딸을 억지로 빼앗긴 것도 원통하거든, 그나마 자유로 볼 수도 없이 되는 것을 생각하니……. 더구나 그 우악한 인가에게 가슴과 배를 사정없이 눌리는 연연한 딸의 버둥거리는 그림자가 눈앞에 언뜻하여, 가슴이 꽉 막히고 사지가 부르르 떨리면서 주먹이 쥐어졌다. 그러나 뒤따라 병석의 아내가 떠오를 때 그의 주먹은 풀리고 머리는 숙었다.

"넬리 또 왔소 이 얘기 하오! 오늘리디 울리디 일이디 푸푸디! 많이 있소!"

인가는 문 서방을 어서 가라는 듯이 자기가 먼저 캉(구들)에서 내려섰다.

"제발 그러지 말구! 으흑흑…… 제발 단 한 번만이라도 낯만…… 으흑흑 응!"

문 서방은 인가를 따라 밖으로 나오면서 울었다. 등 뒤에서는 웃음소리가 들렸다. 그러나 그 웃음소리는 이 때의 문 서방에게는 아무런 자극도 주지 못하였다.

"자, 이거 적지만……."

마당에 한참이나 서서 무엇을 생각하던 인가는 백 조짜리 관체* 석

---

* 관체 돈.

장을 문 서방의 손에 쥐였다. 문 서방은 받지 않으려고 했다. 더러운 놈의 더러운 돈을 받지 않으려 했다. 그러나 지금 부쳐먹는 밭도 인가의 밭이다. 잠깐 사이 분과 설움에 어리어서 튀기던 돈은 —— 돈힘은 굶고 헐벗은 문 서방을 누르지 않을 수 없었다. 그는 못 이기는 것처럼 삼백 조를 받아 넣고 힘없이 나오다가,

'저 속에는 용례가 있으려니?'

생각하면서 바른편에 놓인 조그마한 집을 바라볼 때 자기도 모르게 발길이 도로 돌아섰다. 마치 거기서는 용례가 울면서 자기를 부르는 것 같았다. 그러나 인가는 문 서방을 문 밖에 내보내고 문을 닫아 잠갔다. 문밖에 나서니 천지가 아득하였다. 발길이 돌아서지 않았다. 사생을 다투는 아내를 생각하면 아니 가진 못 할 일이고, 이 울타리 속에는 용례가 있거니 생각하면 눈길이 다시금 울타리로 갔다.

그가 바위 모롱이 빙판에 올 때까지 개들은 쫓아나와 짖었다. 그는 제 분김에 한 마리 때려잡는다고 얼른 돌멩이를 집어들었다가, 작년 가을에 어떤 조선 사람이 어떤 중국 사람의 개를 때려죽이고 그 사람이 주인에게 총맞아 죽은 일이 생각나서 들었던 돌멩이를 헛뿌렸다.

돌아 떨어지는 겨울 해는 어느 새 강 건너 봉우리 앙상한 가지 끝에 걸렸다. 바람은 좀 자고 날씨는 맑으나 의연히 추워서 수염에는 우물가처럼 얼음 보쿠지*가 졌다.

4

눈웃 입은 산봉우리 나뭇가지 끝에 남았던 붉은 석양빛이 스르르 자

---

* 얼음 보쿠지 물이나 눈이 얼어붙은 위에 다시 물이 흘러 덧쌓이면서 여러 겹으로 얼어붙은 얼음.

취를 감추고 먼 동쪽 하늘가에 차디찬 연자줏빛이 싸르르 돌더니 그마저 스러지고, 쌀쌀한 하늘에 찬 별들이 내려다보게 되면서부터 어둑한 황혼빛이 빼허의 좁은 골에 흘러들어서 게딱지 같은 집 속까지 흐리기 시작하였다.

까만 서까래가 드러난 수수깡 천장에는 그을은 거미줄이 흐늘흐늘 수없이 드리우고, 빈대 죽인 자리는 수묵으로 댓잎을 그린 듯이 흙벽에 빈틈이 없는데, 먼지가 수북한 구들에는 구름깔개(참나무를 엷게 밀어서 겯은* 자리)를 깔아 놓았다.

가마 저편 바당(부엌)에는 장작개비가 흩어져 있고 아궁이에서는 벌건 불이 훨훨 붙는다.

뜨끈뜨끈한 부뚜막에는 문 서방의 아내가 누덕이불에 싸여 누웠고 문 앞과 윗목에는 이웃집 사람들이 모여 앉았는데, 지금 막 달리소 인가의 집에서 돌아온 문 서방은 신음하는 아내의 가슴에 손을 얹고 있었다. 등꽂이에 켜 놓은 등(삼대에 겨를 올려서 불 켜는 것)불은 환하게 이 실내의 모든 사람을 비췄다.

"용례야! 용례야! 용례야!"

고요히 누웠던 문 서방의 아내는 마지막 소리를 좀 크게 질렀다. 문 서방은 아내의 가슴을 지그시 눌렀다.

"에구, 우리 용례! 우리 용례를 데려다 주구려!"

그는 눈을 번쩍 뜨면서 몸을 흔들었다.

"여보, 왜 이러우? 용례가 지금 와요. 금방 올걸!"

어린애를 어르듯 하면서 땀때가 꽤저분한* 아내의 얼굴을 내려다보는 문 서방의 눈은 흐렸다.

"에구, 몹쓸 놈두! 저런 거 모르는 체하는가? 쳇!"

---

* 겯다 풀어지거나 자빠지지 않도록 서로 어긋매끼게 끼거나 걸다.
* 꽤저분하다 너절하고 지저분하다.

윗목에 앉은 늙은 부인은 함경도 사투리로 구슬피 뇌었다.

"허, 그러게 되놈이라지! 그 놈덜께 인륜이 있소?"

문 앞에 앉았던 한 관청은 받아쳤다.

"용례야! 용례야! 흥, 저기 저기 용례가 오네!"

문 서방의 아내는 쑥 꺼진 두 눈을 모들떠서* 천장을 뚫어지게 보면서 보기에 애처로운 웃음을 웃었다.

"어디? 아직은 안 오, 여보, 왜 이러우? 정신을 채리우. 응?"

문 서방의 목소리는 떨렸다.

"저기 엑…… 용 용례……."

그는 눈을 더 크게 뜨고 두 뺨의 근육을 경련적으로 움직이면서 번쩍 일어났다. 문 서방은 아내의 허리를 안았다. 그는 또 정신에 착각을 일으켰는지, 창문을 바라보고 뛰어나가려고 하면서,

"용례냐? 용례 용례…… 저 저기 저기 용례가 있네! 용례야 어디 가니? 용례야! 네 어디 가느냐, 응?"

고함을 치고 눈물 없는 울음을 우는 그의 눈에서는 파란 불빛이 번쩍하였다. 좌중은 모진 짐승의 앞에나 앉은 듯이 모두 숨을 죽이고 손을 틀었다. 문 서방은 전신의 힘을 내어서 아내의 허리를 안았다.

"하하하(그는 이상한 소리를 내어서 웃다가 다시 성을 잔뜩 내면서)용례, 용례가 저리로 가는구나! 으응…… 저놈이 저놈이 웬 놈이냐?"

하면서 한참 이를 악물고 창문을 노려보더니,

"저 저…… 이놈아! 우리 용례를 놓아라! 저 되놈이, 저 되놈이 용례를 잡아가네! 이놈 놔라! 이놈, 모가지를 빼놓을 이, 이……."

그의 눈앞에는 용례를 인가에게 빼앗기던 그 때가 떠올랐는지, 이를 뿍 갈면서 몸을 번쩍 일으켜 창문을 향하여 내달았다.

---

* 모들뜨다 두 눈의 동자를 한쪽으로 모으다.

"여보, 정신을 차리오! 여보, 왜 이러우? 아이구 응……."

쫓아가면서 아내의 허리를 안아서 뒤로 끌어들이는 문 서방의 소리
는 눈물에 젖었다.

"이놈아, 이게 웬 놈이 남을 붙잡니? 응으윽."

그는 두 손으로 남편의 가슴을 밀다가도 달려들어서 남편의 어깨를
물어뜯으면서,

"이것 놔라! 에그 용례야, 저게 웬 놈이…… 에구구…… 저놈이 용례
를 깔고 앉네!"

하고 몸부림을 탕탕 하는 그의 눈에는 핏발이 서고 낯빛은 파랗게 질렸
다. 이 때 한 관청 곁에 앉았던 젊은 사람은 얼른 일어나서 문 서방을

조력하였다. 끌어들이려거니 뛰어나가려거니 하여 밀치고 당기는 판에 등꽂이가 넘어져서 등불이 펄렁 죽어 버렸다. 방 안은 갑자기 깜깜하여지자 창문만 히슥하였다*.

"조심들 하라니! 엑 불두!"

한 관청은 등을 화로에 대고 푸푸 불면서 툭덕툭덕하는 사람들에게 주의를 시켰다. 불은 번쩍 하고 켜졌다.

"우우 쏴…… 스르르륵."

문을 치는 바람 소리가 요란하였다.

"엑, 또 바람이 나는 게로군! 날쎄도 폐릅다(괴상하다)."

한 관청은 이렇게 뇌면서 등꽂이에 등을 꽂고 몸부림하는 문 서방 내외와 젊은 사람을 피하여 앉았다.

"이것 놓아 주오! 아이구, 우리 용례가 죽소! 저 흉한 되놈에게 깔려서…… 엑 저저…… 저것 봐라! 이놈, 네 이놈아! 에이그 용례야! 용례야! 사람 살려 주오! (소리를 더욱 높여서) 우리 용례를 살려 주! 응 으윽, 에엑 끅……."

그는 마지막으로 오장육부가 쏟아지게 소리를 지르다가 검붉은 핏덩어리를 왈칵 토하면서 앞으로 거꾸러졌다.

"으윽!"

"응, 끔찍두 한 게!"

하면서 여러 사람들은 거꾸러진 문 서방의 아내 앞에 모여들었다.

"여보! 여보소! 아이고 정신 좀……."

떨려 나오는 문 서방의 소리는 절반이나 울음으로 변하였다.

거불거불하는 등불 속에 검붉은 피를 한 말이나 토하고 쓰러진 그는 낯이 파랗게 되어서 숨결이 없었다.

＊ 히슥하다 색깔이 조금 허옇다(북한말).

"허! 잡신이 붙었는가? 으흠 응! 으흠 응! 각황제방심미기*, 두우열로 구슬벽*······."

여러 사람들과 같이 문 서방의 아내를 부뚜막에 고요히 뉘어 놓은 한 관청은 귀신을 쫓는 경문이라고 발음도 바로 못 하는 이십팔 수를 줄줄이 읽었다.

"으응응······ 흑흑······ 여여보!"

문 서방의 복멘 울음을 받는 그 아내는 한 관청의 서투른 경문 소리를 듣는지 마는지, 손발은 점점 식어 가고 낯은 파랗게 질렸는데, 무엇을 보려고 애쓰던 눈만은 멀거니 뜨고 그저 무엇인지 노리고 있다. 경문을 읽던 한 관청은,

"엑, 인제는 늙어 가는 사람이 울기는? 우지 마오! 이내 살아날 꺼."

하고 문 서방을 나무라면서 문 서방의 아내 앞에 다가앉더니 주머니에서 은동침(어느 때에 얻어 둔 것인지?)을 꺼내 문 서방 아내의 인중을 꾹 찔렀다.

그러나 점점 식어 가는 그는 이마도 찡그리지 않았다. 다시 콧구멍에 손을 대어 보았으나 숨결은 없었다.

바람은 우우 쏴 ―― 하고 문에 눈을 들이쳤다. 여러 사람은 약속이나 한 듯이 두려운 빛을 띤 눈으로 창을 바라보았다.

"으응 에이구! 여보! 끝끝내 용례를 못 보고 죽었구려······ 엉엉······ 흑."

문 서방은 울기 시작하였다. 그 울음 소리는 고요한 방 안 불빛 속에 바람 소리와 함께 처량하게 흘렀다.

"에구, 못된 놈도 있는 게지."

"에구, 참 불쌍하게두!"

---

* **각황제방심미기** 이십팔 수 중 동방칠수(청룡). 이를 외면서 귀신을 쫓는다는 민속이 있음.
* **두우열로구슬벽** 이십팔 수 중 북방칠수(현무).

"흥, 우리도 다 그 신세지!"

무시무시한 기분에 싸여서 낯빛이 푸르러 가는 여러 사람들은 각각 한 마디씩 뇌었다. 그 소리는 모두 갈 데 없는 신세를 호소하는 듯하게 구슬프고 힘없었다.

5

문 서방의 아내가 죽은 그 이튿날 밤이었다. 그 날 밤에도 바람이 몹시 불었다. 그 바람은 강바람이어서 서북에 둘린 산 때문에 좀한* 바람은 움쭉도 못하던 달리소(문 서방의 사위 인가의 땅)까지 범하였다. 서북으로 산을 등지고 앞으로 강 건너 높은 절벽을 대하여 강골밖에 터진 데 없는 달리소는 강바람이 들어차면 빠질 데는 없고 바람과 바람이 부딪쳐서 흔히 회오리바람이 일게 된다. 이날 밤에도 그 모양으로 달리소에는 회오리바람이 일어서 낟가리가 날리고 지붕이 날리고 산천이 울려서 혼돈이 배판할* 때 빙세계나 트는* 듯한 판이라, 사람은커녕 개와 돼지도 굴 속에서 꿈쩍 못하였다.

밤이 퍽 깊어서였다. 차디찬 별들이 총총한 하늘 아래, 우렁찬 바람에 휘날리는 눈발을 무릅쓰고 달리소 앞강 빙판을 건너서 달리소 언덕으로 올라가는 그림자가 있다. 모진 바람이 스치는 때마다 혹은 엎드리고 혹은 우뚝 서기도 하면서 바삐바삐 가던 그 그림자는 게딱지 같은 지팡살이집 근처에서부터 무엇을 꺼리는지 좌우를 슬몃슬몃 보면서 자취를 숨기고 걸음을 느리게 하여 저 편으로 돌아가 인가의 집 높은 울

---

* 좀한 어지간한.
* 배판(排判)하다 별러서 차리다.
* 빙세계나 트는 얼음 세계나 트는.

타리 뒤로 돌아갔다.

"으르릉 웡웡."

하자, 어느 구석에서인지 개가 한 마리, 두 마리, 세 마리 뒤이어 나와서 짖으면서 그 그림자를 쫓아간다. 그 개소리는 처량한 바람 소리 속에 싸여 흘러서 건너편 산을 스르릉스르릉 울렸다.

"꽝! 꽝꽝."

인가의 집에서는 개짖음에 홍우재*나 몰려오는가 믿었던지 헛총질을 네댓 방이나 하였다. 그 소리도 산천을 울렸다. 그 바람에 슬근슬근 가던 그림자는 휙 돌아서서 손에 들었던 보자기를 개 앞에 던졌다.

보자기는 터지면서 둥글둥글한 것이 우르르 쏟아졌다. 짖으면서 달려오던 개들은 짖음을 그치고 거기 모여들어서 서로 물고 뜯고 빼앗아 먹는다. 그러는 사이에 그림자는 인가의 울타리 뒤에 산같이 쌓아 놓은 보릿짚더미에 가서 성냥을 쭉 긋더니 뒷산으로 올리닫는다.

처음에는 바람 속에 판득판득*하던 불이 삽시간에 그 산 같은 보릿짚더미에 붙었다.

"훠쓰(불이야)!"

하는 고함과 함께 사람의 소리는 요란하였다. 모진 바람에 하늘하늘 일어서는 불길은 어느 새 보릿짚더미를 살라 버리고, 울타리를 살라 버리고, 울타리 안에 있는 집에 옮았다.

"푸우 우루루루 쏴아……."

동풍이 몹시 이는 때면 불기둥은 서편으로, 서풍이 몹시 부는 때면 불기둥은 동으로 쏠려서 모진 소리를 치고 검은 연기를 뿜다가도 동서풍이 어울치면* 축융(화신)의 붉은 혓발은 하늘하늘 염염히 타올라서

＊ 홍우재 마적.
＊ 판득판득 순간적으로 조금씩 번쩍이는 모양.
＊ 어울치다 한데 섞이어 치다.

차디찬 별 —— 억만 년 변함이 없을 듯하던 별까지 녹아내릴 것같이 검은 연기는 하늘을 덮고 붉은빛은 깜깜하던 골짜기에 차 흘러서 어둠을 기회로 모여들었던 온갖 요괴를 몰아내는 것 같다. 불을 질러 놓고 뒷숲 속에 앉아서 내려다보는 그 그림자 —— 딸과 아내를 잃은 문 서방은,

"하하하……."

시원스럽게 웃고 가슴을 만지면서 한 손으로 꽁무니에 찼던 도끼를 만져 보았다.

일 동리 사람들과 인가의 집 일꾼들은 불붙는 데 모여들었으나, 모두 어쩔 줄을 모르고 떠들고 덤비면서 달려가고 달려올 뿐이었다.

그러는 사이에 울타리는 물론 울타리 속에 엉큼히* 서 있던 큰 집 두 채도 반이나 타서 쓰러졌다. 이런 불 속으로부터 여러 사람들이 오고 가는 밭 가운데로 튀어나가는 두 그림자가 있었다. 하나는 커단 장정이요, 하나는 작은 여자이다. 뒷산 숲에서 이것을 본 문 서방은 그 두 그림자를 향하여 내리뛰었다. 그는 천방지방 내리뛰었다.

독살이 잔뜩 올라서 불빛에 번쩍이는 그의 눈에는 이 두 그림자밖에는 아무것도 보이지 않았다.

"으윽, 끅."

문 서방이 여러 사람을 헤치고 두 그림자 앞에 가 섰을 때, 앞에 섰던 장정의 그림자는 땅에 거꾸러졌다. 그 때는 벌써 문 서방의 손에 쥐었던 도끼가 장정 인가의 머리에 박혔다. 도끼를 놓은 문 서방의 품에는 어린 여자의 그림자가 안겼다. 용례가…….

그 바람에 모여 섰던 사람들은 혹은 허둥지둥 뛰어 버리고 혹은 뒤로 자빠져서 부르르 떨었다. 용례도 거꾸러지는 것을 안았다.

---

* 엉큼히 우뚝이.

"용례야! 놀라지 마라! 나다! 아버지다! 용례야!"

문 서방은 딸을 품에 안으니 이 때까지 악만 찼던 가슴이 스르르 풀리면서 독살이 올랐던 눈에서 뜨거운 눈물이 떨어졌다. 이렇게 슬픈 중에도 그의 마음은 기쁘고 시원하였다. 하늘과 땅을 주어도 그 기쁨을 바꿀 것 같지 않았다.

그 기쁨! 그 기쁨은 딸을 안은 기쁨만이 아니었다. 적다고 믿었던 자기의 힘이 철통 같은 성벽을 무너뜨리고 자기의 요구를 채울 때 사람은 무한한 기쁨과 충동을 받는다.

불길은 —— 그 붉은 불길은 의연히 모든 것을 태워 버릴 것처럼 하늘하늘 올랐다.

고국

큰 뜻을 품고 고국을 떠나던 운심의 그림자가 다시 조선 땅에 나타난 것은 계해년 삼월 중순이었다. 처음으로 회령에 왔다. 헌 미투리에 초라한 검정 주의*, 때 아닌 복면모를 푹 눌러쓴 아래에 힘없이 끔벅이는 눈하며, 턱과 코 밑에 거칠거칠한 수염하며, 그가 오 년 전 예리예리하던 운심이라고는 친한 사람도 몰랐다.

간도에서 조선을 향할 때의 운심의 가슴은 고생에 몰리고 몰리면서도 무슨 기대와 희망에 찼다. 그가 두만강 건너편에서 고국 산천을 볼 때 어찌 기쁜지 뛰고 싶었다. 그러나 노수*가 없어서 노동으로 걸식하면서 온 그는 첫째 경제 문제를 생각지 않을 수 없었다. 다만 그의 가슴을 찌르는 것은 패자라는 부끄러운 느낌이었다.

"아! 나는 패자다. 나날이 진보하는 도회에서 활동하는 모든 사람은 다 그새에 훌륭한 인물이 되었을 것이다. 나는 확실히 패자로구나……."

＊ 주의(周衣) 두루마기.
＊ 노수(路需) 노자.

생각할 때 그는 그만 발 옮길 용기가 나지 않았다. 고국의 사람은 물론이요, 돌이며 나무며 심지어 땅에 기어다니는 이름 모를 벌레까지도 자기를 모욕하며 비웃으며 배척할 것같이 생각된다. 그러나 이미 편 춤이니 건너갈 수밖에 없다 하였다. 그는 사동탄에서 강을 건넜다. 수직*이 순사는 어디 거진가 하여 그를 눈도 거들떠보지 않았다. 그러나 그에게는 다행이었다. 운심은 신회령역을 지나 이제야 푸른빛을 띤 물버늘이 드믄드믄한 조그마한 내를 건넜다. 진달래 봉오리 방긋방긋하는 오산을 바른편에 끼고 중국 사람 채마밭을 지나 동문 고개에 올라섰다. 그의 눈에는 넓은 회령 시가가 보였다. 고기 비늘같이 잇닿은 기와지붕이며 사이사이 우뚝우뚝 솟은 양목이며 거미줄같이 늘어진 전봇줄이며 푸푸푸푸 하는 자동차, 뚜뚜 하는 기차 소리며, 이전에 듣고 본 것이언만 그의 이목을 새롭게 하였다.

운심은 여관을 찾을 생각도 없이 비스듬한 큰길로 터벅터벅 걸었다. 어느 새 해가 졌다. 전기가 켜졌다. 아직 그리 어둡지 않은 거리에 드문드문 달린 전등, 이 집 저 집 유리창으로 흘러나오는 붉은 불빛, 황혼 공기에 음파를 전하여 오는 바이올린 소리, 길에 다니는 말쑥한 사람들은 운심에게 딴 세상의 느낌을 주었다. 그의 몸은 솜같이 휘주근하고*등에 붙은 점심 못 먹은 배는 꼴꼴 운다.

"객주집을 찾기는 찾아야 할 터인데 돈이 있어야지……."

그는 홀로 중얼거리면서 길 한편에 발을 멈추고 섰다.

밤은 점점 어두워 간다. 전등빛은 한층 더 밝다. 짐을 잔뜩 실은 우차가 삐걱삐걱 소리를 내면서 그의 앞을 지나갔다. 그의 머리 위 넓고 푸른 하늘에 무수히 가물거리는 별들은 기구한 제 신세를 엿보는 듯이 그는 생각났다. 어디에선지 흘러오는 누릿한 음식 냄새는 그의 비위를 퍽

＊ 수직(守直) 맡아서 지킴.
＊ 휘주근하다 몹시 지쳐서 도무지 힘이 없다.

상하였다.

　운심은 본정통에 나섰다. 손 위로 현등* 아래 '회령 여관'이라는 간판이 걸렸다. 그는 그 문 앞에 갔다. 전등 아래의 그의 낯빛은 창백하였다.

　"들어갈까? 어쩌면 좋을까?"

하고 그는 망설였다. 이 때에 안경 쓴 젊은 사람이 정거장에 통한 길로 회령여관 문을 향하여 들어온다. 그 뒤에 갓 쓴 이며 어린애 업은 여자며 보퉁이 지고 바가지 든 사람들이 따라 들어온다.

　"어서 들어가십시오. 여관을 찾습니까?"

　그 안경 쓴 자가 조그마한 보따리를 걸머지고 주저거리는 운심이를 보면서 말을 붙인다. 그러나 운심은 대답이 없었다.

　"자 갑시다. 방도 덥구 밥값도 싸지요."

　운심은 아무 소리 없이 방에 들어갔다. 방은 아래위 양간이었다. 그리 크지는 않으나 그리 더럽지도 않았다. 양방에 다 천장 가운데 전등이 달렸다. 벽에는 산수화*가 붙이었다. 안경 쓴 자와 함께 오던 사람들도 운심이와 한 방에 있게 되었다.

　저녁상을 받은 운심은 밥을 먹기는 먹으면서도 밥값 치러 줄 걱정에 가슴이 답답하였다. 이를 어쩌노! 밥값을 못 주면 이런 꼴이 어디 있나! 어서 내일부터 날삯이라도 해야지……하는 생각에 밥맛도 몰랐다.

　바로 삼일 운동이 일어나던 해 봄이었다. 그는 서간도로 갔다. 처음 그는 백두산 뒤 흑룡강가 청시허라는 그리 크지 않은 동리에 있었다. 생전에 보지 못하던 험한 산과 울창한 삼림과

---

　* 현등(懸燈)　등불을 높이 매닮.
　* 산수화(山水畵)　자연의 풍경을 그린 그림.

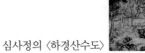

심사정의 〈하경산수도〉

듣지도 못하던 홍우적(마적) 홍우적 하는 소리에 간담이 써늘하였다.

그러나 하루 지나고 이틀 지나 차차 몇 달 되니 고향 생각도 덜 나고 무서운 마음도 덜하였다. 이리하여 이 곳서 지내는 때에 그는 산에나 물에나 들에나 먹을 것에나 입을 것에나 조금의 부자유가 없었다. 그러한 부자유는 없었으되 그의 심정에 닥치는 고민은 나날이 깊었다. 벽장골*같은 이 곳에 온 후로 친한 벗의 낯은 고사하고 편지 한 장 신문 한 장도 못 보았다. 이 곳에 사람들은 그의 벗이 되지 못하였다. 토민들은 운심이가 머리도 깎고 일본말도 할 줄 아니 탐정꾼이라고 처음에는 퍽 수군덕수군덕 하였다. 산에 돌아다니면서 사냥을 일삼는 옛날 의병 찌터러기*들도 부러 운심을 보러 온 일까지 있었다. 이 곳에 사는 사람은 함경도 평안도 황해도 사람이 많다. 거의 생활 곤란으로 와 있고, 혹은 남의 돈 지고 도망한 자, 남의 계집 빼가지고 온 자, 순사 다니다가 횡령한 자, 노름질하다가 쫓긴 자, 살인한 자, 의병 다니던 자, 별별 흉한 것들이 모여서 군데군데 부락을 이루고 사냥도 하며 목축도 하며 농사도 하며 불한당질*도 한다. 그런 까닭에 윤리도 도덕도 교육도 없다. 힘센 자가 으뜸이요, 장수며 패왕이다. 중국 관청이 있으나 소위 경찰부장이 아편을 먹으면서 아편 장사를 잡아다 때린다.

운심은 동리 어린아이들을 모아 놓고 이야기도 하고 글도 가르쳤다. 그러나 그네들은 운심의 가르침을 이해치 못하였다. 운심이는 늘 슬펐다. 유위*의 청춘이 속절없이 스러져 가는 신세 되는 것이 그에게는 큰 고통이었다. 운심은 그 고통을 잊기 위하여 양양한* 강풍을 쏘이면서 고기도 낚고 그림 같은 단풍 그늘에서 명상도 하며 높은 봉에 올라 소

---

* **벽장골** 벽장(벽을 뚫어 물건을 넣게 한 곳) 같은 골짜기.
* **찌터러기** 몹시 찌들어 버린 것.
* **불한당(不汗黨)질** 떼지어 다니는 강도질.
* **유위(有爲)** (일을 할 만한) 능력이 있음.
* **양양(洋洋)하다** 넘칠 듯한 수면이 끝없이 넓게 펼쳐져 있다.

리도 쳤으나 속 깊이 잠긴 그 비애는 떠나지 않았다. 산골에 방향을 주는 냇소리와 푸른 그늘에서 흘러 나오는 유량*한 새의 노래로는 그 마음의 불만을 채우지 못하였다. 도리어 수심을 더하였다. 그는 항상 알지 못할 딴 세상을 동경하였다.

산은 단풍에 붉고, 들은 황곡에 누른 그 해 가을에 운심이는 청시허를 떠났다. 땀 냄새가 물씬물씬한 여름옷을 그저 입은 그는 여름 삿갓을 쓴 채 조그마한 보따리를 짊어지고 지팡이 하나를 벗하여 떠났다. 그가 떠날 때에 그 곳 사람들은 별로 섭섭하다는 표정이 없었다. 모두 문 안에 서서,

"잘 가슈."

할 뿐이었다. 다만 조석으로 글 가르쳐 준 열세 살 난 어린것 하나가,

"선생님, 짐을 벗으오. 내 들고 가겠소."

하면서 '청시허'서 십 리 되는 '다사허' 고개까지 와서,

"선생님, 평안히 가오. 그리고 빨리 오오."

하면서 운다. 운심이도 울었다. 애끓게 울었다. 어찌하여 울게 되는지 운심이 자신도 의식치 못하였다. 한참 울다가 주먹으로 눈물을 씻고 돌아서서 보니 그 아이는 그저 운다. 운심이는 그 아이의 노루 꼬리만한 머리를 쓰다듬으면서,

"어서 가거라, 내가 빨리 다녀오마."

말을 마치지 못하여 그는 또 울었다. 온 세계의 고독의 비애는 자기 홀로 가진 듯하였다. 운심이는 눈을 문지르는 어린애 손을 꼭 쥐면서,

"박돌아! 어서 가거라. 내달이면 내가 온다."

"나는 아버지가 내 말만 들었으면 선생님과 가겠는데……."

하면서 또 운다. 운심이도 또 울었다. 이 두 청춘의 눈물은 영별*의 눈

＊ 유량 (음악의) 음색이 거침없고 똑똑함.
＊ 영별(永別) 영원한 이별.

물이었다.

　물을 건너고 산을 넘어 허덕허덕 홀로 갈 때에 돌에 부딪치며 길에 끌리는 지팡이 소리만 고요한 나무 속의 평온한 공기를 울리었다. 그의 발길은 정처가 없었다. 해 지면 자고 해 뜨면 걷고 집이 있으면 얻어먹고 없으면 굶으면서 방랑하였다. 물론 이슬에서도 잤으며 풀뿌리도 먹었다.

　이 때는 한창 남북 만주에 독립단이 처처에 벌떼같이 일어나서 그 경계선을 앞뒤에 늘인 때였다. 청백한 사람으로서 정탐꾼이라고 독립군 총에 죽은 사람이 많았거니와 진정 정탐꾼도 죽은 사람이 많았다. 운심이도 그네들 손에 잡힌 바 되어 독립당 감옥에 사흘을 갇혔다가 어떤 아는 독립군의 보증으로 놓였다. 그러나 피끓는 청춘인 운심이는 그저 있지 않았다. 독립군에 뛰어들었다. 배낭을 지고 총을 메었다. 일시는 어벙벙한* 것이 기뻤다. 그러나 날이 가고 달이 갈수록 그 군인 생활이 염증이 났다.

　그리고 그는 늘 고원을 바라보고 울었다. 이상을 품고 울었다. 그 이듬해 간도 소요를 겪은 후로 독립당의 명맥이 일시 기운을 펴지 못하게 됨에 군대도 해산되다시피 사방에 흩어졌다. 운심이 있던 군대도 해산되었다. 배낭을 벗고 총을 집어던진 운심이는 여전히 표랑*하였다. 머리는 귀밑을 가리고 검은 낯에 수염이 거칠었다. 두 눈에는 항상 붉은 핏발이 섰다. 어떤 때에 그는 아편에 취하여 중국 사람 골방에 자빠진 적도 있었으며 비바람을 무릅쓰고 사냥도 하였다. 그러나 이방의 괴로운 생활에 시화되려던 그의 가슴은 가을 바람에 머리 숙인 버들가지가 되고 하늘이라도 뚫으려던 그 뜻은 이제 점점 어둑한 천인갱참*에 떨어

---

* 어벙벙하다　어리둥절하여 갈피를 잡을 수 없다.
* 표랑(漂浪)　정처 없이 떠돌아다님.
* 천인갱참　천길이나 되는 깊이 파 놓은 구덩이.

져 들어가는 줄 모르게 떨어져 들어감을 그는 깨달았다. 그는 신세를 생각하고 울었다. 공연히 소리를 지르면서 뛰어도 다녔다.

이 모양으로 향방 없이 표랑하다가 지금 본국으로 돌아오기는 왔다. 내가 찾아갈 곳도 없고 나를 기다려 주는 이도 없건마는 나도 고국으로 돌아왔다. 알 수 없는 무엇이 나를 이리로 이끈 것이다. 그러나 이로부터 어디로 가랴.

운심이가 회령 오던 사흘째 되는 날이다. 회령 여관에는 도배쟁이 나 운심이라는 문패가 걸렸다.

그믐밤

시대 : 20여 년 전
장소 : 함북 어떤 농촌

1

삼돌의 정신은 점점 현실과 멀어졌다. 흐릿한 기분에 싸여서 한 걸음 한 걸음 으슥하기도 하고 그저 훤한 것 같기도 한 데로 끌려갔다. 수수깡 울타리가 그의 눈앞을 지나고 거뭇한 살창*이 꿈 속같이 뵈는 것은 자기집 같기도 하나, 커단 나무가 군데군데 어른거리고 퍼런 보리밭이 뵈는 것은 이웃 최돌의 집 사랑뜰 같기도 하고, 전번에 갔던 메 같기도 하였다. 그러나 그는 그것이 어딘 것을 알려고도 하지 않았고, 또 그 때문에 기분이 불쾌하지도 않았다. 그는 자기가 앉았는지 섰는지도 의식치 못하였으며, 밤인지 낮인지도 몰랐다. 그의 눈은 그저 김 오른 거울 같이 모든 것을 멀겋게 비칠 뿐이었다.

이 때 그의 정신을 흔드는 것이 있었다. 그것은 조금 전부터 저편에서 슬금슬금 기어오는 커다란 머리였다. 첨에는 저편에 수수깡 울타리 같기도 하고 짚더미 같기도 한 어둑한 구석에서 뭉긋이* 내밀더니 점점

＊살창 좁은 나무나 쇠오리로 살을 대어 만든 창.
＊뭉긋이 뭉긋하게. 약간 기울어지거나 굽어서 휘두름하게.

가까워질수록 흰 바탕에 누런 점이 어른거리는 목 배때기며 검푸른 비늘이 번쩍거리는 머리며, 뚝 뼈진* 동그란 눈이며, 끝이 두 가닥 된 바늘 같은 혀를 훌늑훌늑* 하는 것이 그리 빠르지도 않게 슬근슬근 배밀이해 오는 꼴은 차마 볼 수 없었다.

그의 가슴은 두근거렸다. 등에는 그도 모르게 찬땀이 흘렀다. 그는 뛰려고 하였다. 다리는 누가 꽉 잡는 듯이 펼 수 없고 팔도 움직일 수 없었다. 그 무서운 기다란 짐승은 조금도 거리낌 없이 슬근슬근 기어왔다. 이제 위급히 한 찰나 새이다. 그의 몸과 그 짐승의 입 사이는 겨우 자나 남았다. 그는 소름이 쭉 끼치었다. 그는 악을 썼다. 사지는 여전히 마비된 듯하여 꼼짝할 수 없었다. 소리를 질렀다. 입만 짝짝 벌어질 뿐이지 목구멍이 칵 막혀서 숨도 크게 쉴 수 없었다. 그의 숨결은 울렁거리는 가슴과 같이 급하고 잦았다. 온몸의 피를 끓여 가면서 쓰는 애도 이제 모두 허사가 되었다. 그의 왼편 발뒤꿈치가 뜨끔하였다.

"으악······."

그는 온몸의 악을 다 내어 소리를 치면서 내뛰었다. 물인지 불인지 모르고 뛰었다. 징그럽게도 긴 그 짐승은 발뒤꿈치를 꽉 문 채 질질 끌었다.

"에구······ 이잉······ 아이구."

그는 소리쳐 울었다. 뛰던 그는 귀를 찌르는 벽력 같은 소리에 우뚝 섰다. 머리를 돌렸다. 하늘을 쳐다보고 땅을 굽어보고 사면을 돌아보았다.

"저게 미치지 않았는가?"

"히히히."

"야 이놈아! 아프다고 핑계를 대고 자빠졌다가 지랄이 무슨 지랄이야? 으응! 칵 퉤······."

---

* 뼈지다 속이 옹골차고 단단하다.
* 훌늑훌늑 혀나 손 따위를 자꾸 늘름거리는 모양. 훌덕훌덕(북한말).

마루 위에서 벽력같이 지르는 주인 김 좌수의 호령 소리가 두 번 날 때, 삼돌이는 정신이 번쩍 들었다. 그의 눈앞에는 고래등 같은 기와집이 엄연하게 보이고 마루 위에 거만스럽게 앉은 김 좌수의 불그레한 낯이 보였다. 소나기 뒤 쨍쨍한 볕은 추근한* 땅에 흘러서 눈이 부시고 서늘히 스쳐가는 바람 곁에 논매는 노래가 들렸다. 그는 별세상에 선 듯하였다.

"야 이 머저리(바보) 같은 놈아. 글쎄 무슨 머저리 행세(바보짓)냐? 무시기 어쩌구 어째? 뱀아페(한테) 물린 게 아푸구 어쩌구? 뛰기만 잘 뛰는구나!"

김 좌수는 물었던 장죽을 한 손에 뽑아들고 노염이 충천해서 호령을 하였다. 뜰에 나다니는 여편네들은 입을 막고 돌아가면서 웃었다. 삼돌이는 죽은 듯이 서 있었다.

"글쎄 이눔아, 입이 붙었니? 어째 대답이 없니? 어째 그랬니?"

김 좌수는 또 소리를 질렀다.

"뱀이 와서 발 뒤축을 물어서……."

삼돌이는 쥐구멍으로 들어갈 듯이 겨우 대답했다.

"뱀이? 저눔으새끼 실루 미쳤구나! 뱀아페 물린 게 아푸다구 허덕깐*에 한나절이나 자빠져 잤는데 무슨 뱀이 또 거기 있더란 말이냐? 저눔이 필시 꿈을 꾼 게로구나! 하하."

김 좌수는 마지막 말에 자기도 우스운지 웃음을 못 참았다.

'참말 그래 내가 꿈을 꾸었나.'

이렇게 속으로 생각한 삼돌이도 픽 웃었다. 삼돌의 웃는 것을 본 김 좌수는 다시 노염이 등등해서 호령을 내린다.

"제야 잘한 체 웃음이 무슨 웃음이냐? 어서 또 가 봐라. 비 오구 난

---
* 추근한 물기가 조금 있어 축축한(북한말).
* 허덕깐 헛간.

뒤끝이니 나왔을 거다……."

"아이구, 실루 머저리(바보)네!"

병아리 다리를 노끈으로 붙잡아 매어 가지고 마루 아래서 놀던 김 좌수 아들 만득이가 삼돌이를 보면서 입을 삐쭉하였다. 삼돌에게는 만득의 소리가 더욱 듣기 괴로웠다.

자기보다도 퍽 지하되는* 어린것에게까지 비웃음을 받는 것이 알 수 없이 불쾌하고 낯이 붉어지면서 온몸이 땅 속으로 잦아드는 것 같았다. 만득이는 연주창*으로 목을 바로 못 가지고 늘 머리를 왼쪽으로 깨웃* 하였다.

뺏뺏이* 말라서 허수아비에 옷을 입힌 듯한 만득의 해쓱한 낯을 볼 때, 삼돌의 가슴에는 가긍스런 생각도 치밀고 미운 생각도 치밀었다. 그것 때문에 밤낮 '배암' 잡아들이라는 호령 받는 것을 생각하면 어서 죽여 버리고도 싶었다.

그리고 전번에 왔던 의사도 미웠다. 그놈이 아니었다면 배암 잡으러 왜 다녀? 이렇게도 생각하였다.

"산 배암에게 물리면 연주창에 큰 효과가 있다."

하고 의사가 가르친 뒤로부터 삼돌이는 배암 잡으러 다녔다. 그러다가 이틀 전에 배암에게 다리를 물리고 그것이 너무 아파서 오늘은 드러누웠더니 그런 꿈을 꾸고 또 이 봉변을 당하고 있다.

"낼까지 그러고 있겠니? 빨리 가 잡아라!"

김 좌수의 호령에 멍하니 섰던 삼돌이는 왼편 다리를 절룩절룩 절면서 사랑 머슴방으로 나갔다. 쨍쨍한 볕은 그저 땅에 흘렀다.

∗ 지하되는 나이가 어린.
∗ 연주창(連珠瘡) 연주나력(목 근처에 멍울이 생겨 쉽게 낫지 않는 병)이 터져서 생긴 부스럼.
∗ 깨웃 고개나 몸 따위를 한쪽으로 조금 기울임.
∗ 뺏뺏이 살가죽이 쪼그라져 붙을 만큼 야윔.

2

삼돌이는 배암 잡는 무기를 들고 집을 나섰다. 그것은 낚싯대 끝에 말총 올가미를 붙잡아 맨 것이다. 배암의 목을 올가미질하려는 것이다. 이것은 삼돌의 지혜로 나온 무기였다. 땀과 먼지가 엉키어서 찌덕찌덕한* 적삼 등골로 스며드는 삼복 볕은 유난스럽게 뜨거웠다.

무릎까지 오는 베 고의에 코가 떨어진 짚신을 끌고 절룩절룩 걸을 때마다 몸에서 오르는 땀 냄새는 시틋하고* 쿠리었다.

집 앞 채마밭을 지나서 눈이 모자라게 벌어진* 논가길에 나섰다. 찌지는 볕 아래 빛나는 흥건한 논물은 자 남짓이 큰 벼포기 그늘을 잠갔다. 그루를 박아 세운 듯이 한결같은 키로 질펀히 이어선 벼는 윤기나는 푸른 비단을 살짝 깔아 놓은 것 같았다. 이따금 스치는 서늘한 바람에 가는 볏잎이 살금살금 물결치는 것은 빛나는 봄하늘 아래서 망망한 큰 바다를 보는 것 같았다. 삼돌이는 멍하니 서서 그것을 보았다. 시각이 옮겨 갈수록 괴로운 그의 의식은 점점 신선하고 빛나는 자연과 어울려서 그는 자기라는 존재까지 잊고 있었다. 그에게는 빛나는 태양과 푸른 벌판과 서늘한 바람이 있을 뿐이었다.

베 고의 적삼에 삿갓을 쓰고 논 기음*에 등을 지지던 농군들은 저편 방축 버드나무 그늘 아래서 담배도 피우고 장기도 두고 있다. 삼돌이는 그것을 볼 때 잠잠하던 마음이 다시 물결쳤다. 자기도 밭이나 논에서 기음 맬 때는 길가는 개까지 부럽더니 오늘은 그것이 도리어 부러웠다. 그는 아픈 다리를 질질 끌면서 방축 아래 좁은 길로 앞산을 향하였다.

＊ **찌덕찌덕하다** '지덕지덕'의 센 말. 먼지나 때 같은 것이 여기저기 묻어 더러운 모양.
＊ **시틋하다** 사전상으로는 '싫증나다'인데, 의미상으로는 '시큼하다'는 뜻.
＊ **눈이 모자라게 벌어진** 한눈에 다 바라볼 수 없도록 넓게 펼쳐진.
＊ **기음** 김(논밭에 난 잡풀).

"삼돌이, 자네 또 뱀 잡으러 가는가?"

방축 위 서늘한 그늘 속에 누워서 담배 피우는 늙은 농군이 소리를 쳤다. 삼돌이는 대답없이 그리를* 쳐다보면서 빙그레 웃었다.

"웃기는, 개꽃 싸라간 눔처럼! 히히."

그 옆에서 고누를 두던 쇠돌이라는 젊은 농군이 웃었다.

"에이구! 끅끅 뱀이를 그렇게두 잡니? 새나 다람쥐를 말총 올개미루 삽지 뱀을 올개미로 잡는 걸 어디서 봤니, 하하하."

"그러믄 어떻게 잡니?"

힘없이 말하는 삼돌은 서먹한 웃음을 억지로 웃었다.

---

* 그리를 그 쪽을.

"몽치로 때려 붙들어야지 이눔아. 뱀이 죽었다구 올개미에 들겠니?"

"응, 때리믄 죽어두……. 산 뱀이라야 쓴단다."

누군지 기다리고 있는 듯이 받아쳤다.

"응, 산 뱀은?"

"김 좌수 아들이 옌쥐챙 있는데 손가락 물리문 낫는다네."

이런 말을 듣다가 삼돌이는 다시 걸음을 걸었다.

뒤에서 수군거리고 웃는 것은 모두 자기를 비웃고 멸시하는 듯이 불쾌하였다. 걸음까지 터벅거렸다. 모래땅은 물기운이 벌써 빠져 삭삭 마르고 굳고 오목한데는 그저 빗물이 괴어서 반짝거렸다.

구불구불하고 축축한 산길을 휘돌아 오른 삼돌이는 쓰러진 나무 등걸에 걸터앉았다. 등에는 땀이 흠씬 내배고 전신에서 후끈후끈 오르는 땀 냄새는 김같이 뜨겁고 시틋하였다. 그는 이마의 땀을 씻으면서 가슴을 풀어 헤쳤다. 가슴은 마구 뛰었다.

크고 작은 소나무가 빽빽이 들어서서 그늣한* 속에 가지 사이로 흘러드는 쨍쨍한 볕은 우거진 풀잎에 아롱아롱 흘렀다. 이따금 우우 하고 소나무 끝을 스치는 바람 소리는 시원히 들리나 숲 속은 고요하였다.

나무와 나무 사이를 스쳐서 어른어른 푸른 벌이 내려다보이고 그 한쪽으로 볕에 눈이 부실 듯한 마을 집이 보였다. 이렇게 사면을 돌아보며 한참 앉았으니 몸이 점점 식고 마음이 가라앉아서 한숨 자고 싶었다. 그러나 주인 영감의 시뻘건 눈깔이 언뜻할 제 그는 정신이 반짝 들고 자기도 모르게 벌떡 일어났다. 그는 다시 터덕터덕 산마루턱 감자밭 가에 이르렀다. 우중충한 숲 속을 벗어나오니 환한 것이 졸지에 딴 세상이나 밟는 것 같았다. 그는 감자밭과 숲 사이에 난 좁은 길로 돌아다니면서 끼웃끼웃하였다. 돌을 모아 놓은 각담도 뒤져 보고 쓰러진 나무

---

*그늣하다 깊숙하고 아늑하여 고요하다.

등걸 위도 보았다. 소나기 지난 뒤요, 따라서 볕이 쨍쨍하니 배암이 나오리라는 자신도 없지 않았다. 그는 어두운 벼랑길을 더듬는 소경처럼 조심조심스럽게 걷다가는 서고 서서는 이리 기웃 저리 기웃하였다. 이름도 모를 풀이 우거진 속을 들여다보고 풀잎이 다리에 스르럭스르럭 스칠 때면 그는 공연히 몸이 오싹오싹하고 옮기던 발이 저절로 멈추어졌다. 어디서 바람 소리 새 소리만 들려도 그의 가슴은 두근두근하였다. 이렇게 어청어청하다*가 감자밭 맨끝 커단 나무가 쓰러진 곳에 이르러서 그는 우뚝 서면서 입을 벌렸다. 그는 금방 뒤로 자빠질 듯이 궁둥이를 뒤로 내밀고 서서 어쩔 줄을 몰랐다. 그의 눈은 유리알을 박은 듯이 꼼짝 않고 쓰러진 나무 위만 쏘고 있다.

크고 작은 풀이 우거진 새에 흉악한 짐승같이 쓰러진 커다란 나무는 언제 쓰러진 것인지 껍질은 썩어 벗겨지고 살빛이 꺼뭇하게 되었다. 군데군데 쪽쪽 트기도 하고 감탕*물 속에 거머리 지나간 자취 모양으로 아롱아롱 좀먹은 자국도 있다. 그리고 어떤 데는 뜨거운 볕에 송진이 끓어서 번지르하고 찐득찐득하게 뵀었다. 그 나무 한복판에 길이가 발이 넘고 굵기가 어린애 팔뚝만한 것이 고요히 붙어 있다. 퍼런 등골은 햇볕에 윤기가 번뜩거리고 히슥한* 뱃살에 누런 점이 얼룩얼룩하였다. 그리고 둥그스름하고 넓죽한 머리에 불끈 삐진 눈은 때룩때룩하였다. 그 생김생김이 자기를 물던 놈 같기도 하였다. 그놈에게 물려서 이틀밤이나 신고를 하고 아직도 낫지 않은 것을 생각하면 그놈을 꼭 깨물어 잘근잘근 씹어 삼키고 싶으나 때룩때룩한 눈깔이나 얼룩얼룩 징그럽게 늘어진 꼴은 금방 몸에 와서 말리고 서리는 듯해서 점점 뒷걸음만 났다. 그러다가도 주인 영감에게 서리 같은 호령을 들을 것을 생각하니

* 어청어청하다 천천히 걷다.
* 감탕 아주 곤죽같이 된 진흙.
* 히슥한 색깔이 조금 허연(북한말).

그저 물러갈 수도 없었다.

우우 하는 소리와 같이 수수 울리는 소리가 들렸다. 배암만 보고 무시무시하게 서 있는 삼돌이는 깜짝 놀라 뒤를 보고 발을 굽어 보았다. 그것은 바람 지나는 소리였다.

그는 긴 한숨을 쉬면서 가만가만 나무등걸 곁으로 갔다. 손에 잡은 낚싯대가 자랄 만한 곳에 가서 엉거주춤 섰다.

"휘익 휙."

그는 휘파람을 불었다. 고요한 볕 아래 누웠던 배암은 그 소리를 들었는지 머리를 들어 기역자로 구부리고 눈을 때룩때룩하였다. 그 때 그놈을 칵 때렸으면 단박 잡힐 듯하나 그래서 죽으면 힘은 힘대로 들이고 아무 소용 없는 짓이다. 그러나 그놈을 설 다루어서는 뺑소니를 칠 것이다. 삼돌이는 이렇게 생각은 하면서도 어쩔 줄을 몰랐다.

그는 낚싯대를 뻗쳐서 올가미를 배암 머리편에 주었다. 배암은 머리를 기웃기웃하더니 늘씬한 몸을 늘였다 줄이면서 그 나무등걸 밑으로 머리를 수그렸다.

푸른 바탕에 누런 점 흰 점이 볕에 얼른얼른 빛났다. 그것이 징글징글 기어 풀 속으로 내리는 것은 정신이 아찔하도록 무서웠다. 그것이 풀포기 밑으로 스르르 나와서 바짓가랑이 속으로 금방 들온 듯이 신경이 찌긋찌긋*하였다. 그는 등골에 찬땀을 흘리면서 소름을 쳤다. 그러면서도 놓치는 것이 안 되어서 자기도 모르게 낚싯대로 등걸에 겨우 남은 꼬리를 쳤다.

꼬리는 꾸불하더니 쏜살같이 풀 속에 숨어 버렸다. 그 때 그는 바른편 넓적다리가 뜨끔하였다. 그것은 배암의 꼬리를 칠 때 낚싯대 그루가 잘못 넓적다리에 찔린 것이었다. 신경이 예민해진 그는 그것이 배암의

---

* 찌긋찌긋 '찌릿찌릿'과 비슷한 뜻인 듯.

이빨이 박히는 줄 알았다.

"으악⋯⋯."

삼돌이는 낚싯대를 버리고 뜨끔한 넓적다리를 붙잡으면서 뛰었다. 감자 포기, 풀 포기, 나무 등걸, 가시밭, 그 모든 것을 헤아릴 수 없이 마구 뛰었다. 발에 걸쳤던 짚신은 어디로 갔는가?

발끝과 아랫다리는 나무 그루와 가시에 찢겨서 새빨간 피가 스치는 풀잎을 물들였다. 그 모든 것을 느끼지 못하고 삼돌이는 그저 허둥지둥 뛰었다.

한참 뛰는 삼돌이는 짝근 소리와 같이 두 눈에서 불이 번쩍 일면서 정신이 아찔하여 그 자리에 쓰러졌다. 아무도 없는 고요한 숲 속 바위 밑에 쓰러진 삼돌의 이마에서는 걸디건 피가 느른히* 흘렀다.

바람은 때때로 숲 끝을 우수수 지났다. 서천에 좀 기운 볕은 여전히 가지 사이로 흘렀다.

멀리 논벌에서 은은히 울려 오는 논김 노래가 새 소리 벌레 소리와 같이 숲 속에 흘렀다.

3

삼돌이는 등골이 선뜩선뜩함을 느끼면서 흐릿한 눈을 비비었다. 우중충한 가지와 가지가 머리를 덮은 사이로 흰 하늘이 엿보였다. 그는 일어나 앉아서 앞뒤를 보았다. 자기 몸은 뜻하지도 않은 풀 속에 있다. 지금이 아침인가? 저녁인가? 또는 밤인가? 이렇게 생각하다가 그는 피 묻은 자기 손이 언뜻 눈에 띄자 두 눈이 똥그레졌다.

---

*느른히 힘없이 부드럽게.

손을 펴서 들고 뒤쳐 보고 젖혀 보다가 적삼 앞과 속곳에 검붉은 피가 발린 것을 보고 그의 눈은 더 뚱그레졌다. 그는 비로소 앵한* 이마가 째릿째릿함을 느꼈다. 그는 이마에 손을 대었다. 손이 닿을 때 이마가 쓰리고 손에 칙은한* 것이 발렸다. 그는 손을 떼어 보았다. 언제 흐른 피인가? 엉기어 걸어져서 흐르지는 않고 그 빛은 검붉었다. 이마는 점점 쓰리고 아팠다. 그는 쭈그리고 우두커니 앉아서 두 손을 엇결은* 채 피 씻을 생각도 하지 않고 무엇을 생각하였다. 그의 눈은 옛 기억을 쫓는 듯이 흐릿한 속에 의심이 들어찼다.

피가 웬일일까? 어찌하여 예까지 왔나? 집에서 떠나서 배암 잡다가 뛰던…… 이렇게 아까 일이 오랜 일같이 슬금슬금 떠 왔다. 그러나 어쩌다가 이마가 터진 기억이 얼른 나지 않았다. 누구에게 맞았나? 아니, 맞았으면 모를 리 없다. 배암에게 물렸나? 배암이 이렇게 물 리는 없고…… 이렇게 생각한 끝에 허둥지둥 뛰다가 이마가 짝근 부딪치던 일까지 생각났다. 그러나 그 뒷일은 종시 떠오르지 않았다.

"오오 그래, 어디 부딪친 모양이로구나!"

그는 무슨 수수께끼나 풀은 듯이 이렇게 혼자 부르짖었다. 동시에 그는 넓적다리를 급히 만져 보았다. 아까 뜨끔하던 기억이 오른 까닭이었다. 그러나 아무렇지도 않은 것을 볼 때 그는 혼자 픽 웃으면서 한숨을 지었다.

삼돌이는 모든 기억이 또렷이 나설수록 이마가 몹시 저렸다. 그는 풀잎을 따서 피를 씻었다. 풀잎에 씻을 때면 바늘로 뜨끔 찌르는 듯도 하고 딱지 뗀 헌 데를 만지는 것 같기도 해서 온몸이 송그러들었다*. 피를

---

* 앵하다 아릿하다.
* 칙은하다 빛깔이 곱지 못하고 짙기만 하다.
* 엇결다 서로 어긋매끼어 겯다.
* 송그리다 작게 오그라들다.

씻은 뒤 허리끈을 풀어서 이마를 동였다. 그리고 바지춤을 움켜잡고 숲 속을 어슬렁어슬렁 나왔다.

감자밭에 나선 그는 조심스럽게 아까 배암 나왔던 등걸 앞으로 갔다. 풀대가 바람에 얼른하여도 배암 같아서 가슴이 뜨끔하였다. 그는 저편 풀 위에 던져져서 풀이 바람에 움직일 때마다 흔들리는 낚싯대를 집어들고 마을로 향하였다.

숲 속에 흐르는 별은 자취를 감추고 눅눅한 그늘이 숲을 덮었다. 바람이 스치는 때마다 잎들은 우줄우줄 춤을 췄다. 어디선지 새 소리가 울렸다. 나무 사이를 스쳐서 멀리 파란 벌판 끝에 저녁 볕이 뻘겋게 타들었다. 그는 더듬더듬 내려오다가 길옆에 서리서리 늘어진 칡줄기를 잘라서 허리를 잡아매었다. 우중충한 숲을 벗어나서 산 아래로 내려온 그는 벌에 나섰다. 아까 지나던 방축 아랫길로 발을 옮겼다. 방축에 모여 앉았던 일꾼들은 깡그리 논으로 내려가고 머리에 석양을 받은 수양버들만이 실바람에 흐느적거렸다.

앞으로 끝없이 잇닿은 푸른 논판에 붉은 저녁 볕이 비껴 흐르고 실바람이 흐르는 것은 더욱 아름다웠다. 온 세상의 모든 행복은 기름이 흐르듯이 윤기 돌아 먹음직하게 연연히 자란 푸른 포기가 벼바람에 물결쳐 넘는 듯하였다. 온몸을 벼포기 속에 숨기고 오직 삿갓 꼭대기와 땀배인 등만 드러내고 기어가면서 김매는 농군들은 신선같이 보였다. 그는 그것을 보고 맞추어 부르는 격양가 소리에 귀를 기울이고 멍하니 서 있었다. 자기도 배암잡이만 아니었다면, 아니 그놈의 만득이 연주창만 아니었다면 지금 저 속에서 저들과 같이 노래를 부를 것이다. 이슬에 베잠방이를 적시고 불볕에 등골을 지지면서 김매는 것이 더 말할 수 없는 설움이요, 괴로움인 줄 알았더니 이제 와서는 세상에 그처럼 즐거운 일은 없을 것 같다. 지금 신선같이 느껴지는 저 푸른 벼바다 속에서 김매고 노래 부르는 그네가 모두 자기와 같은 사람이요, 또 자기 친구요,

또 같은 일꾼으로 네냐 내냐 지내 왔는데 지금은 그네가 별로 높아진 듯이 느껴졌다. 그렇게 느껴질수록 그는 두 어깨가 축 늘어지는 것 같고 온몸이 땅에 자지러지는 듯하였다. 스쳐가는 바람, 흔들리는 풀조차 자기를 비웃는 듯이 자취마다 설움이었다.

어려서 부모를 잃고 남의 집구석으로 다니면서 꼴이나 베고 소나 먹이며 김매면서 나이 삼십이 되도록 장가도 못 들고 그것도 부족하여 팔자에 없는 배암잡이로 다리병신 되고 이마까지 피 터진 것을 생각하니 새삼스럽게 가슴이 미어지고 눈에 눈물이 핑 돌았다. 그는 그 자리에 주저앉아 울었다. 목이 메어 소리는 나오지 않고 눈물만 쫙쫙 흐르고 가슴이 꽉꽉 막혀서 주먹으로 가슴만 꽝꽝 쳤다.

논판에 흐르는 석양은 점점 자리를 옮겨서 멀리멀리 붉어 가고 서늘한 실바람은 끊임없이 수양버들 가지를 흔들었다.

한참 애끓게 울던 삼돌이는 주먹으로 눈물을 씻고 일어섰다. 방축 아래 볏잎에 진주 같은 별이 흐르는 논가 좁은 길을 지나 집 가까이 왔다. 타박타박한 그의 걸음은 더 느리어졌다. 그의 발은 마음과 같이 무거웠다. 만일 그의 손에 꿈틀거리는 배암만 잡혔더면 그는 이마가 저리고 다리 아픈 것까지 잊어버리고 집으로 달려 들어갔을 것이다. 주인 영감의 독살 오른 눈과 고무볼같이 불어서 불룩불룩하는 두 뺨이 눈앞을 언뜻 지날 때 그는 어깨를 으쓱하면서 머리를 힘없이 가슴에 떨어뜨렸다.

그는 발을 돌렸다. 그만 어디라 없이 끝없이 가 버리고 싶었다. 이 꼴 저 꼴 다 안 봤으면 살이 찔 것 같았다.

'에키 가자! 그만 달아나자!'

이렇게 생각은 하였으나 가면 어디로 가며, 간들 무슨 수가 있으랴 하는 생각이 또 머리를 울렸다. 뒤따라 너덜너덜한 누더기를 몸에 걸치고 이 집 저 집 들어가도 밥 한술 주지 않고 일까지 시켜 주지 않아서 주린 배를 움켜쥐고 이슬을 마시면서 밤을 지내던 옛날의 자기 그림자가 눈앞에 떠오를 때 그는 그것을 보지 않으려는 듯이 머리를 흔들면서 휙 돌아서 집으로 빨리빨리 걸었다.

삼돌이는 집에 가까이 왔을 때 집 앞 채마밭에 나선 주인 영감의 그림자를 보고 가슴이 두군두군하며 눈앞이 흐리고 다리가 떨렸다.

마치 침침 칠야에 무서운 짐승 있는 굴로 들어가는 듯하였다.

"응, 오늘은 잡았지?"

삼돌이를 본 김 좌수는 '네까짓 놈이 그렇지 무얼 잡겠니?' 하는 눈초리로 물었다. 삼돌에게는 그 소리가 벽력 같았다. 그는 머리를 수그리고 가만히 서 있었다.

"어째서 대답이 없니?"

김 좌수의 소리는 점점 커졌다.

"못 잡았소……."

무서운 힘 앞에 마주선 잔약한 생명의 소리같이 삼돌의 가는 소리는 떨렸다.

"응, 무시기 어쩌구 어째? 아까운 쌀을 뱃등이 터지두룩 먹구 그거 하나 못 잡는단 말이냐? 응, 글쎄!"

주인 영감은 삼돌이를 쥐어나 박을 듯이 벌벌 떨면서 눈이 빨개서 삼돌이를 노려보았다.

"이매는 왜 그꼴이냐?"

"뱀아페 딸기와서(쫓겨서) 엎어져서(넘어져서) 그랬음메!"

그는 겨우 울듯 울듯이 대답하였다. 주인 영감은 주먹을 불끈 쥐고 이를 악물고는 가죽신 신은 발로 삼돌이의 가슴을 찼다.

"힝."

삼돌이는 기운 없이 자빠졌다.

"이눔아!"

주인 영감은 또 쥐어박을 듯이 주먹을 부르쥐고 앞으로 몸을 쏠리면

서,

"이 못생긴 눔아! 응? 뱀 잡기 싫으니 일부러 이마를 터쳐 가지구 와서…… 즌 개소리를 친단 말이냐? 그깟놈의 핑계 대문, 뉘귀 곧이나 듣니? 응, 이눔아(거꾸러져 소리없는 삼돌의 등을 막 밟으면서) 가거라, 저런 쌍눔으 새끼를 밥을 멕이다니……."

분이 나서 소리를 고래고래 지르면서 펄펄 뛰었다.

"에고! 이게 영감이사…… 이게 워쩐 일이오. 그만두오!"

곁에 섰던 주인 마누라가 주인의 팔을 끌어당겼다.

"노덕(마누라)이는 아무것도 모르구서 가만 있소! 저눔아를 죽이든지 내쫓든지 해야지!"

주인은 또 발을 들었다. 주인 마누라는 주인의 발을 잽싸게 안으면서,

"영감! 이거 그만두오……."

울듯이 말렸다. 어른 아이 할 것 없이 채마밭 머리에 쭉 모였다.

삼돌이는 땅에 거꾸러진 채 아무 소리도 없었다.

무심한 저녁 연기는 점점 퍼져서 마을을 싸고 먼 산 허리까지 밀렸다. 괴괴거리고 밭머리를 헤매는 닭들도 홰에 오르기 시작하였다.

4

밤부터 내리는 실비는 아침에도 졸졸 내렸다. 김 좌수는 아침 뒤에 삿갓을 쓰고 비를 맞으면서 배추밭에 오줌똥을 주었다. 거뭇하고 부들부들한 흙에 비가 괴어서 디딜 때마다 발이 쑥쑥 들어갔다. 삿갓에 떨어진 비는 삿갓 네 귀로 낙숫물처럼 흘러내렸다. 후줄근한 고의 적삼 소매 끝과 가랑이 끝에도 물이 뚝뚝 흘렀다. 그는 팔을 불끈 걷어붙이고 바가지로 똥을 풀어 논 것을 퍼서는 한쪽 손으로 배추 포기를 비스

듬히 밀면서 밑동에 부었다. 큰 항아리 통같이 비대한 몸이 끙끙 하면서 등깃등깃 수그렸다 일어났다 하다가는 한숨을 쉬고 턱에 흘러내린 빗물을 씻으면서 빳빳이 서서 이리저리 돌아보았다.

바람 없는 가는 빗발이 푸른 잎에 소리를 내는 것은 먼 바람 소리 같기도 하고 은은한 물 소리 같기도 하였다. 넓은 들과 먼 산은 뿌연 빗속에 고요히 잠자는 것 같다. 어디서 개구리 소리가 들렸다.

병아리 데린* 암탉은 저편 울타리 밑에서 꼬록꼬록 하면서 목을 늘여 끼웃끼웃한다.

"에끼 망할 눔의 새끼, 자빠져서 늙은 게 이 고생이로구나."

김 좌수는 혼자 분개한 소리로 뇌이면서 등깃등깃 오줌을 나른다. 삼돌이가 이마와 다리가 저려서 며칠 드러누워 있게 된 뒤로 집터 밭은 김 좌수가 돌아보게 되었다. 그는 비 오는 때를 타서 거름을 한다고 식

---

* 데린 자기 몸 가까이에 있게 한.

전에도 삼돌이를 죽으라고 호령하고 아침 뒤에 배추밭으로 나왔다.

김 좌수는 삼대 좌수이다. 그 까닭에 여기에는 지금도 읍으로 들어가나 시골 집으로 나오나 세력이 등등하였다. 누구나 그 앞에서 기지 않으면 호령이요 볼기였다. 그것은 무조건이다. 그러나 그의 집은 퍽 소조하다*. 그의 마누라, 아들, 며느리, 머슴, 그, 그리고 먼 일가 되는 늙은 여편네가 와서 밥 짓고 빨래나 거들어 주고 얻어먹는다. 그의 아들 만득은 금년 열여섯이 된다. 열두 살 때에 장가보내서 며느리를 삼았는데 만득이가 어려서부터 목에 돋친 연주창이 장가든 뒤로는 더 심해서 약이란 약과 의원이란 의원은 다 들여 보였으나 조금도 효과가 없었다. 작년에 죽은 큰마누라에게 자식이 없어서 처녀장가들어서 늦게야 얻은 것이 만득이었다. 그러한 자식의 병이니 간호가 여간 크지 않았다. 일전에는 타도 의원을 모셔다가 보였는데 그 의원은 이러한 말을 하였다.

"배암 산 것을 잡아서 병자의 손가락을 물리시오. 그놈이 연주창 있는 사람은 잘 물지 않으니 그리 알아서 단단히 아줘어야 합니다. 그래서 효과가 없거든 사람의 모가지 고기를 병자가 모르게 얻어먹이시오. 그 밖에는 약이 없습니다."

이 뒤부터 김좌수는 여러 군데 산 배암 잡아들이라는 영을 놓고 머슴 삼돌이까지 배암잡이에 내놓았다.

"아 좌수 영감은 이 비오는데 어쩐 일이오니까?"

하고 등 뒤에서 외치는 소리에 김 좌수는 머리를 돌렸다.

"응, 자네 오는가? 이 비 오는데 어디 갔다 오는가?"

김 좌수는 일어섰다. 그 사람은 김 좌수 동리에서 이십 리나 떨어져 사는 사람인데 최 유사라고 부른다.

"여꺼지 온 길이외다."

＊ 소조(蕭條)하다 풍경 따위가 호젓하고 쓸쓸하다.

바지를 무릎 위까지 걷고 부대를 등에 걸친 최 유사도 삿갓을 썼다. 가늘고 할끔한* 다리에 구실구실한 검은 털이 나고 푸른 힘줄이 아른아른한 것은 농토에 어울리지 않는 살빛이었다.

"무슨 일로 여까지 왔는가?"

그저 한결같이 내리는 비는 두 사람의 삿갓을 치고 연둣빛 윤기 흐르는 배춧잎을 살랑살랑 건드렸다.

"좌쉿님 무슨 뱀이를 쓰신다구 해서……."

최 유사는 황송스럽게 말하면서 김 좌수를 보고 웃었다. 그 웃음은 무슨 큰 자랑거리라도 감춘 듯하였다.

"응! 그래……."

빳빳이 섰던 김 좌수는 무슨 수나 난 듯이 들었던 바가지를 던지고 최 유사 곁에 다가섰다.

"응, 그래 어찌 됐는가? 전번 휘구 편에 자네게도 부탁을 했지? 그래 구했는가?"

"여기 잡았는데……."

하면서 최 유사는 왼손에 들었던 베주머니를 내들었다.

"응, 그건가?"

김 좌수는 물에 빠진 사람처럼 덤비면서 손을 내밀어 받으려다가 비에 젖은 주머니가 꿈틀꿈틀 물결치는 것을 보더니 그만 손을 움츠렸다. 움츠러들인 손이 스스로도 안 되었는지,

"하여간 들어가세! 이 비 오는데 큰 고생을 했네!"

하고 앞장을 섰다.

"별말씀을 다하심메!"

최 유사는 희색이 만면해서 뒤따랐다.

---

* **할끔하다** 몸이 몹시 고단하거나 불편하여서 얼굴이 까칠하고 눈이 쏙 들어가 있다. 여기서는 '여위다'의 뜻으로 쓰인 듯.

"저 덕이집 최 유사 뱀이를 잡아왔구마!"

헤벌헤벌* 마당에 들어선 김 좌수는 소리를 질렀다. 방문이 열리면서 주인 마누라가 나왔다.

온 집안은 끓었다. 닭을 잡네, 찰밥을 짓네 하여 최 유사 점심 준비에 여편네들은 수수거렸다*.

"여보! 노댁이(마누라)! 저 건넷집 선동 아비를 오라고 하오…… 그놈 삼돌인지 셋돌인지 앓아 자빠 누웠으니……."

김 좌수는 분주히 들락날락 하면서 떠들었다. 김 좌수가 부른 선동 아비가 왔다. 그는 김 좌수의 아우다. 이웃집 늙은이 두어 분도 왔다.

어수선 떠들썩하던 집 안이, 점심상이 방에 들게 된 뒤로 조용하였다. 한참 만에 우르르 흩어진 머리에 감투를 눌러쓴 선동 아비가, 이웃집으로 가더니 한 자 남짓한 왕대를 가져왔다. 방 안에 모여 앉은 여러 사람은 우우 나왔다. 툇마루에 나선 김 좌수는,

"삼돌아!"

높이 불렀다.

"삼돌아! 저놈이 죽었니?"

더 높이 불렀다.

"네……."

하는 젊고 쪽쭈리운 듯한 대답이 들리더니 이윽하여 사랑으로 어청어청 들어오는 삼돌이의 머리는 누구에게 줴뜯긴 것처럼 더부룩하게 되었다. 검은 낯에 두 뺨은 좀 빠졌고 이마는 꺼먼 수건으로 동였으며 이맛살은 조금 찌푸렸다.

"네 이눔아, 남은 이 비 오는데 뱀이를 잡아 가지고 왔는데 너는 꾹 들어 박혀서 대가리도 안 내민단 말이냐?"

---

* 헤벌헤벌 어울리지 않게 넓게 벌려서 걷는 모양.
* 수수거리다 시끄럽고 떠들썩하여 정신이 어지럽다.

주인 영감의 소리는 나직하나 위엄이 등등하였다. 삼돌이는 아무 대답 없이 마루에 수굿이 서 있었다. 여러 사람들은 다 한 번씩 삼돌을 보았으나 그런 인생이 있는가 없는가 하는 태도였다.

"어서 저기 참대통에 넣어라."

김 좌수의 소리가 끝나자 선동 아비는 배암 든 베주머니를 집어서 삼돌에게 주었다. 삼돌이는 서먹서먹해서 주저거리다가 겨우 받았다.

"야 이눔아 얼른 쮀내라!"

김 좌수는 눈을 부릅뜨고 입을 비죽거렸다.

"쮀내다니, 산 뱀을 어떻게 쥐오?"

선동 아비는 왕대를 손 새에 넣고 쓱쓱 훑으면서 혼자말처럼 뇌었다.

삼돌이는 베주머니 아가리를 열었다. 그는 조심스럽게 열고 들여다보더니 어깨를 으쓱하면서 머리를 들었다.

"그대루는 안 되더라. 꼬리를 맸으니 그 노끈을 쮀내게!"

문턱 앞에 앉았던 최 유사가 가르치더니 그만 자기가 들어서 그 끈을 집어냈다. 배가 희고 등이 거뭇한 것이 노끈을 쫓아 꿈틀하면서 달려나왔다. 길이가 자가 되나마나 하고 통은 엄지손가락만한 독사였다. 노끈에 꼬리가 달려서 대롱대롱 드리운 배암은 꾸핏꾸핏* 몸을 틀다가도 머리를 빳빳이 하고 허리를 휘어서 사람의 손을 향하고 치올랐다. 겨우겨우 꼬리 끝 가까이 오다가는 그만 힘이 모자라는지 축 늘어져 버린다. 그렇게 사오 차나 하더니 그 담에는 죽은 듯이 축 늘어졌다. 마치 짐승의 밸을 늘인 듯하나 이따금 꿈틀꿈틀할 때면 삼돌이는 등골이 근질근질하였다. 선동 아비는 왕대 구멍을 요리조리 뺑소니치는 배암머리에 대더니 한참 만에 댓속에 배암을 집어넣었다. 댓속에 스르르 든 배암의 머리가 손잡은 쪽 대 구멍으로 거진거진 나오게 된 때에 처음

＊ 꾸핏꾸핏 여러 곳이 다 꾸붓한 모양. 꾸붓꾸붓.

머리 넣은 구멍 밖에 뼘이나 남은 꼬리를 쓱 휘어다가 대에 꼭 잡아매었다.

이 때 방으로 들어간 김 좌수는 엉엉 우는 만득이를 붙잡고 나왔다.

"흥…… 흥 싫소…… 으응."

만득이는 문턱에 발을 버티고 뒤로 몸을 젖히면서 고함을 쳤다. 뚱뚱한 김 좌수는 만득의 겨드랑이를 들어 내밀었다.

"이눔으 새끼야, 죽기보담은 안 날나더냐?"

그러나 만득이는 좀처럼 나오지 않았다. 왕대를 쥐고 섰던 선동 아비까지 대는 삼돌이에게 주고 만득이를 끄집어 내기에 힘썼다.

"만득아, 아프지 않다. 눈을 질끈 감고 견데라."

선동 아비는 순탄스럽게 말했다.

"이런 개새끼 같은 눔으 새끼…… 야이 쌍눔 새끼야."

김 좌수는 솥뚜껑 같은 손으로 만득의 머리를 쳤다.

"에구 제마(어머니) 이잉 에구 내 죽슴메……."

마루로 끌려나오는 만득이는 집이 떠나가게 통곡한다.

"에구! 그거 무슨 때림메? 철없는 거 얼리지 때릴 께 무에오."

영감 곁에 섰던 주인 마누라는 가슴이 아프다는 듯이 영감을 흘끗 보았다. 마루에 모였던 사람들은 모두 모여들어서 만득이를 붙잡았다. 만득이는 그저 섧게섧게 통곡했다. 삼돌이는 왕대통을 가로들었다. 여러 사람들은 만득의 바른편 장손가락을 배암의 머리가 있는 대구멍에 넣었다.

"에구 제마!"

만득이는 몸을 부르르 떨면서 오장이 뒤집히는 듯이 소리를 질렀다. 사람들은 만득의 손가락을 뽑아 보았다. 그러나 배암은 물지 않았다. 이번에는 만득의 손가락을 배암의 입에다 꾹 대고 바늘로 배암의 꼬리를 쑥쑥 찔렀다. 엉엉 울던 만득이는 갑자기 몸을 송그리고 울면서 낯이 파래서 큰 소리를 질렀다. 여럿이 뽑는 만득의 손가락에서는 검붉은 피가 뽀지지 돋았다.

"됐다! 우지 마라, 이저는 그만둬라."

김 좌수는 큰 성공이나 한 듯이 희색이 만면해서 만득이를 달래었다.

"응, 이거 먹어라. 우지 마라."

주인 마누라는 꺼먼 엿뭉치를 만득의 가슴에 안겼다.

"으응 흥…… 에구……."

만득이는 모두 귀찮다는 듯이 발버둥을 치면서 그저 울었다.

"어어, 이제는 낫겠군……. 그러나 그 뱀을 불에 태우오. 그놈이 살아 나믄 아무 효험두 없는걸!"

어떤 늙은이가 점잖게 말했다.

5

그럭저럭 하는 새에 중복이 지나고 말복이 지났다.

배암이 문 덕이든지 만득의 병은 좀 차도가 있었다. 목으로 돌아가면서 두튀름두튀름 돌아서는 물이 번지르하게 터지던 연주창이 더 돋지 않았다. 번지르르하던 물도 차츰 거두었다. 일심 정력을 다 들여서 구호하는 사람들은 모두 웃음이 흘렀다. 그러던 연주창이 말복이 지나서부터 다시 멍울멍울한 알이 지면서 뿌옇고 찐득한 군물이 돌았다. 그리고 이번에는 두 어깨까지 머틀머틀*한 것이 눌러 보면 알렸다.

김 좌수 내외는 낯빛이 좋지 못하였다. 금년 스물셋 되는 며느리(만득의 아내)도 말은 안 하나 매일 상을 찡그리고 지내었다. 만득이는 글방에도 가지 않았다. 낯이 해쓱한 것이 목을 한쪽으로 끼웃하고 늘 늙

---

* 머틀머틀 우툴두툴하다.

은 어미 궁둥이에서 떨어지지 않고 엿과 떡으로 날을 보내었다. 밤이면 아버지 곁에서 자고 젊은 아내는 뒷방을 홀로 지켰다. 만득이는 장가가서 삼 년 동안 아내와 잤으나 병이 심하면서부터는 아버지 김 좌수가 별거를 시켰다. 그러나 만득이는 어떤 때면 남 자는 밤에 슬그머니 아내 방에 갔다가는 바지춤을 움켜쥐고 와서 몰래 아버지 곁에 누웠다. 그가 열두 살 나서 장가들 제 지금 스물셋 되는 아내가 열아홉 살이었다. 그것도 김 좌수가 권력으로 뺏어 오다시피 삼은 며느리였다. 만득이는 장가든 첫날 밤에 오줌을 싸고 울었다.

"과년한 처녀 색시가 못 견디게 군 게지?"

만득이가 울었단 말 듣고 이웃에 말 좋아하는 사람들은 서로 수군거렸다. 그 말이 색시 귀에 들어 갔는지 색시는 한참 동안 밖에 못 나왔다. 이러다가 어느 때에는 뒤 우물가 대추나무에 목까지 맨 일이 있었다.

"어린게(만득) 무스거 알겠소! 색시는 이것저것 다 알 텐데 아매 잘 ××× 못 하니 죽고자 한 게지?"

색시가 목매었다는 소문이 나자 이웃사람들은 또 수군거렸다.

그러다가 작년 봄, 만득이가 열다섯 나서부터 각 자리를 하게 되었다. 각 자리를 한 뒤, 일곱 달 만에 색시는 몸을 풀었는데 딸이었다. 그 딸은 난 지 첫 이레가 겨우 지나서 죽어 버렸다. 어떤 때 뒷방에서 소리 없이 우는 만득 아내의 꼴이 시어머니와 주인 영감 눈에 띄었다.

'사내가 그리운가? 사내 병이 걱정인가?'

시어미, 시아비는 며느리의 울음에 이러한 의심을 품었다. 그러나 나날이 심하여 가는 만득의 병에 모든 정신이 쏠려서 그 밖의 것을 돌아볼 여유가 없었다. 오늘도 아침부터 만득의 병을 생각하고 뜰에서 거닐던 김 좌수는 아무 데도 나가지 않고 저녁 뒤에는 방에 드러누웠다. 그

＊ 빤하다 어두운 가운데 밝은 빛이 비치어 환하다.

는 담배를 피우면서 빤한* 기름불을 보았다.

"여보 노댁이(마누라) 거기 있소?"

드러누웠던 김 좌수는 벌떡 일어나 앉아 재떨이에 대를 엎어 꾹 누르면서 불렀다.

"네에."

방 사잇문이 열리면서 낯이 불그레한, 아직 사십이 될락말락한 주인 마누라가 들어왔다.

"만득이는 어디에 있소?"

좌수는 마누라를 힐끗 보았다.

"저 정제(부엌방)에 있음메!"

마누라는 입으로 부엌방을 가리켰다. 머리가 희끗희끗한 영감과 아직 입술이 붉은 마누라가 마주 앉은 사이는 따뜻한 기운이 없이 쓸쓸하였다.

"자아, 병을 어떻게 하문 좋겠소!"

"글쎄 낸들 암메?(혀를 차면서) 죽어두 어서 죽구 살아두 살구!"

마누라는 너무도 지질하다*는 어조였다. 김 좌수는 물었던 대를 뽑고 이마를 찡그렸다.

"또 방정 떤다. 죽다니?"

"에구! 해해 낸들 죽기를 소원하겠소? 너무도 시진*하니 나온 소리지비."

마누라 소리는 좀 화순하였다.

"그러지 말고 어떻게든지 곤처야 안 쓰겠소!"

영감의 소리도 의논 좋게 나왔다.

"글쎄 뱀이게 물예두 그러니! 인저는 사람의 고……."

마누라는 말을 뚝 끊더니 누구를 꺼리는 듯이 좌우를 돌아보았다. 불빛이 흐릿한 방에는 연기가 휘돌아 열어 놓은 문으로 흘러 나간다.

"쉬! 조심하오! 조심해……. 아이 듣겠소."

영감도 주의를 시키더니 마누라 곁에 다가앉으면서,

"사람의 고기나 멕여 볼까?"

입속말로 소곤거렸다.

"글쎄 그랬으믄 좋겠소마는 어디서 얻겠소?"

마누라 역시 나직한 소리였다. 영감은 머리를 숙이고 한참 주저거리더니 마누라 귀에다 입을 대고 소곤소곤하였다. 눈이 둥그레지던 마누라는 영감의 말이 끝나자,

"그눔이 들을까?"

어색하게 물었다.

"잘 얼리면 안 듣구 말겠소? 제게두 좋지비."

＊ 지질하다 싫증이 날 만큼 지루하다.
＊ 시진 기운이 아주 쏙 빠져 없어짐.

영감은 자신 있게 말했다.

"좋기야 그렇게만 하면…… 만하면이 아니라 꼭 해 주지 무슨……."

마누라도 뱃심을 튀겼다.

"암, 해 주구말구!"

영감은 다시 담배를 담았다.

그 이튿날 저녁이었다. 김 좌수는 텃밭에서 밭을 파고 있는 삼돌이를 불러들였다. 삼돌이는 삽을 땅에 박아 놓고 아랫다리를 불신* 걷은 채 마루 아래에 와 섰다. 어느 새 선동 아비도 왔다.

"응, 네 왔늬? 저 뒤 구름물(우물)에 가서 손발을 씻구 오라구!"

대를 물고 문턱에 비스듬히 기대앉은 김 좌수는 어린 아들이나 대한다는 듯이 다정스럽게 말하였다. 삼돌이는 무슨 일인지 어리둥절해서 섰다가 시키는 대로 우물에 손발을 씻고 왔다.

"응, 시쳤늬? 들어오너라."

주인 영감의 명대로 방으로 들어갔다. 모든 사람은 부드러운 표정을 지었고 주인 영감은 화순하게 말하는 거 보니 삼돌이는 기꺼우면서도 공연히 가슴이 두근두근하였다. 그는 한 무릎을 깔고 한 무릎을 세우고 공손히 앉았다.

"얼매나 팠소?"

선동 아비는 빙그레 웃으면서 삼돌이를 보았다.

"얼매 못 파슴메…… 낼 아츰꺼지나 파야 다 파겠소!"

머리를 감히 못 드는 삼돌이는 조심스럽게 대답하였다.

"낼 아침까지 파구말구. 그게 그래 봬두 네 짐(4백 평)이라 그렇게 갈걸."

트릿한 하늘을 쳐다보던 김 좌수는 동정을 하였다. 삼돌이는 기꺼웠다. 이 집에 들온 뒤로 일이면 일마다 잘했다 소리를 못 들었더니 오늘

---

* 불신 갑자기 쑥 나타나거나 생기거나 한 모양.

은 자기 일을 옳다고 한다. 어째 주인 영감의 태도가 그리 쉽게 변하는 가 생각하니 안개 속을 들여다보는 듯이 의심스럽고 어리둥절하였다.

"그런데 삼돌이두 이저는 서방(장가)가야 하지, 흥!"

주인 영감은 삼돌이를 흘끗 보면서 싱긋 웃었다. 삼돌이도 벙긋 웃었다. 언젠가 일만 잘하면 장가도 보낸다던 주인의 말도 희미하게 그의 머릿속에서 떠올랐다.

"어떠오? 서방갈 생각이 없소?"

옆에 앉았던 선동 아비도 한몫 끼었다.

"모르겠소. 흥!"

삼돌이는 선동 아비의 시선을 피하여 낯을 돌리면서 또 웃었다. 그의 입은 아까부터 벙긋벙긋 웃음이 흐를 듯 흐를 듯하면서도 차마 내놓고 못 웃는 것이 완연히 보였다. 나이 삼십이 되도록 여편네 곁에도 못 앉아 보았건마는 장가라고 하니 어째 마음이 들먹들먹 움직였다.

"모르기는 어째 몰라? 그 자식이! 너두 장개를 어서 가서 아들딸 낳고 소나 멕이고 하문 조챙이캤니?"

김 좌수는 빙그레 웃었다. 옆에 앉은 주인 영감 마누라와 선동 아비는 하하 웃었다. 그 웃음은 놀리는 것처럼 가볍게 흘렀다.

"어째 대답이 없는가? 서방 안 가겠는가?"

주인 마누라는 웃음을 그치고 물었다.

"제 팔재 무슨 장가를 다 가겠음메."

삼돌이는 그저 벙긋거리면서 모든 것은 단념이라는 듯도 하고 또는 한 줄기 희망이나마 붙이는 듯이 말하였다.

"그놈아 별소리를 다한다. 어디 장개가지 말라는 팔재를 걸머지고 나온 놈이 있다더냐? 내 말만 잘 들으려므나. 그러문야 장개만 가? 쇠(소)두 있구 밭두 있구 무시긴들 없으리!"

주인 영감은 담배를 피우면서 삼돌이와 마주 앉았다.

"어떠냐 네 생각에? 너두 생각해 봐라. 이저는 고만하면 아들은 둘째로 손자 볼 땐데 하하하. 내 하는 말을 듣겠니? 그러문 장개두 보내구 쇠, 밭꺼지 줄께, 흥."

주인 영감은 농 비슷하면서도 정색하고 물었다.

"무슨 말씀이오?"

"응, 그래 무슨 말이든지 할께 꼭 듣지?"

주인 영감은 다짐을 두라는 듯이 말했다. 삼돌이는 대답이 없었다.

"응, 너더러 거저 들으라는 말은 아니다. 이봐라, 내 말을 들으면 장개가구 집 한 채, 쇠 한 필, 밭 닷세 갈이를 당장에 주마! 그만하면 네 한 뉘*는 염려 없을 게구! 또 너두 늘 이러구 있어서야 쓰겠니!"

처음은 웃음에 장난으로 믿지 않았으나 점점 무르녹아 가는 주인의 타령에 삼돌의 마음은 솔깃하였다. 간간이 그의 머리를 치는 조그마한 집, 세간, 그것이 금방 눈앞에서 실현이나 될 것같이 기쁘기도 하였다. 이런 생각과 같이 낯모를 여자의 낯, 아담하고 깨끗한 작은 집, 듬직한 황소, 이런 그림자가 눈앞에 어른거리면서 그는 스스로도 억제치 못할 웃음을 벙긋하였다.

"무스게오?"

"글쎄 꼭 듣지?"

"녜!"

"오, 그러문 내 말하마!"

"그래 이 말은 꼭 들어야 한다. 그리구 아무개하구두 말을 말아야 한다."

주인 영감은 다지고 다지었다. 삼돌이는 그저 간단하게,

"녜!"

하였다. 그의 낯에는 숨길래야 숨길 수 없는 기쁨이 흐르는 속에 두 눈

---

*뉘 평생.

은 의심의 빛이 돌았다.

"삼돌아, 너두 알지만 내가 늦게야 얻은 저것(만득)을 살려야 안 쓰겠어?"

"자쉬님이야 더 하실 말씀입니까?"

처음에는 알 수 없는 무거운 기운에 입이 떨어지지 않던 삼돌이는 말문이 순스럽게 터졌다.

"그런데 이거 봐라. 네래야 살리겠으니 네가 이 말을 꼭 들어줘야 하겠다."

어제까지 삼돌의 앞에서 땅땅 으르던 김 좌수는 의연히 하대의 말을 하나 그 소리와 태도가 애원스럽게 들렸다. 그 소리와 태도를 보고 들을 때 삼돌이는 무어라 할 수 없는 감격한 감정에, 눈에 눈물이 핑 돌았다. 자기 일생을 통하여 이 찰나와 같은 다정스럽고 사랑스런 기분에 싸여본 적이 없었다. 그는 그로도 무어라 표현할 수 없으나 그저 온몸이 부드러운 솜에 싸인 것도 같고 마음이 간질간질하여 큰 기쁜 소식을 들을 것 같기도 하면서 두근거리기도 하였다. 그리고 공연히 눈물이 돌았다.

"내게 무슨 심(힘)이 있겠음메마는 거저 제 심만 자란다문사……."

말 끝을 맺지 못하는 삼돌의 소리는 떨렸다. 그것이 서두가 없고 조리가 없으나 그 말하는 그의 낯에는,

'어떠한 괴롬이든지 만득의 병을 위한다면 받겠습니다.'

하는 표정이 불그레 올랐다. 그 태도, 그 소리에 방 안의 공기까지 스르르 알 수 없는 기분에 움직거리는 듯 김좌수 내외, 선동 아비까지 부드럽고 따스한 애수에 잠기는 듯이 한참 말이 없었다.

희미하게 틘 서천 구름 사이로 굵은 햇발이 먼 들에 흘렀다. 훈훈하고 축축한 바람이 풀향을 싣고 방으로 불어 들었다.

"으음! 그런데 이거 봐라, 네가 조금 아픈 데 견디면 만득의 병도 낫고 또 너두 장가 보내고 쇠 한 필이와 밭을 줄 테니……."

한참 만에 입을 연 김 좌수는 말 뒤를 끌었다.

"무슨 일이오?"

삼돌이는 그저 머리를 숙이고 물었다.

"응! 이거 봐라."

하고 김 좌수는 역시 말하기 어려운 듯이 주저주저하다가 다시 목에 가래를 떼고 삼돌의 앞에 다가앉아 수굿하고* 삼돌이를 보면서,

"이거 봐라, 너도 들었는지. 쟤(만득) 병에 뱀이 약이라구 해서 너두 숱한 고생을 했구나! 한데 그놈으 게 어듸 낫더냐? 그런데 이번에는 …… 이거는 꼭 다르(낫는)단다…… 저…… 사…… 사람으 괴기를 먹으면 낫는다니 어디서 얻겠니…… 참 너루 말해두 이저는…… 벌써."

하더니 손가락을 폈다 꼽았다 하다가,

"삼 년이나 우리 집에 있으니 그저 참 우리 식구나 다름이 없는 처지요, 또 우리도 아들 겸 여기던 판이니 말이지마는…… 야…… 아픈 대로 네 목 괴기를 조금만떼자…… 응."

김 좌수는 말을 마치자 숨이 찬 듯이 한숨을 휴 쉬었다.

"이 사람 자네 동생을 살리는 셈 대고 한 번 들어 주게. 제발…… 응…… 자네게 우리 아이 목숨이 달렸네."

주인 마누라가 애원스럽게 뒤를 이었다. 삼돌이는 대답이 없었다. 그는 목 괴기 할 때 가슴이 꿈틀하고 울렁울렁하였다.

"네 어떠오, 뭐 크게 뗄 것도 없고 요만하게 (자기 목을 엄지와 검지로 쥐어 잡아당기면서) 거저 골패짝만하게 떼겠으니……."

선동 아비도 말하였다. 세 사람의 시선은 다같이 무엇을 비라는 듯이 흐릿하게 삼돌의 수그린 머리에 떨어졌다.

"아파서 어떻게……."

삼돌이는 쥐구멍이나 들어갈 듯이 울듯울듯 한 마디 응했다.

---

* 수굿하다 앞으로 조금 기울어지다.

"하하, 야 이 사람아, 그냥 선득할 뿐이지 그게 무슨 그리 아프단 말인가? 조곰 도려내고 이내(금방) 약을 척 붙이면 그까짓 거 뭐 담박 낫을껄."

김좌수는 호기롭게 말하였다.

"그래두 아파서……."

삼돌이는 금방 잘리는 듯이 상을 찡그리고 목을 어루만졌다.

"이거 봐라, 그러기만 하면 네가 우리 집에 진 돈두 그만 탕감해 버리구, 그리구 너를 서방(장가)두 보내구 또 밭과 쇠두 준단 말이다. 내 이제 이렇게 늙은 게 네게 거짓말을 하겠늬?"

'우리 집에 진 돈'이라는 것은 전달 장마 때 삼돌이가 소를 갯가에 매었는데 그만 소가 물에 빠져 죽었다. 주인 영감은 삼돌이가 잘못 매서 죽었다 하고 그 소 값을 일백오십 냥이라 하여 삼돌이에게서 표를 받았다. 삼돌의 한 해 삯은 오십 냥이었다.

"……."

"어째 대답이 없니? 만일 정 슳흐면 그만두란 말이다마는 쇠값을 내놓구 낼이라도 나가거라."

영감은 배를 튀겼다.

"아따 영감두 삼돌이가 어련히 들을라구!"

마누라는 고삐를 늦추었다. 삼돌이는 그저 대답이 없었다. 그에게는 장가, 소, 밭, 집, 그것보다도 쇠값, 이것을 없애 버린다는 것에 마음이 씌었다.

이 때까지 자나깨나 그 돈 그 돈 일백오십 냥이 가슴에 체증처럼 걸렸더니 깜빡 잊은 이 순간에 또 그것이 신경을 흔들었다. 그만 얼른 모가지 고기를 디밀고라도 그것을 벗고 싶었다. 그 돈을 벗어 장가들어, 소 한 필이, 밭, 집 한 채…… 뒤따라 이러한 생각과 환영이 그의 눈앞에 얼른 얼른하였다. 그는 기뻤다. 바로 그런 데나 지금 들앉고 있는 듯하였다.

그러나 다시 모가지 고기를 생각하면 마음이 꺼림하여졌다. 대답이 쉽게 나오지 않았다. 그러나 빚, 장가, 밭, 소, 집이란 이상한 큰 힘에 끌리지 않을 수 없었다.

"그러문 어떻게……."

그는 겨우 말 번지는* 어린애처럼 머리 숙인 채 말했다.

"흥, 그래…… 그저 삼돌이야!"

주인은 능쳤다*.

"그러문 저 방으로 들어가지?"

선동 아비는 일어서서 윗방 문을 열었다.

"노댁이는 여기서 뉘기 들어 못 오게 하오! 어서 저 방으로 들어가자!"

김 좌수는 벼룻집 서랍에서 헝겊으로 뚤뚤 감은 것을 집어 내더니 삼돌이를 재촉하였다. 주인 영감의 손에 잡힌 기름한 것(헝겊에 감은 것)을 볼 때 삼돌이는 정신이 아찔했다. 그것은 상투밑 치는 것이었다. 삼돌이도 그것으로 머리밑을 쳤다. 그의 가슴은 울렁울렁 걷잡을 수 없고 몸이 우르르 떨렸다. 이가 덜덜 쫏겼다*. 차마 일어서지지 않았다.

"야, 빨리 하자! 맞을 때는 얼른 맞아야 시원하니라!"

주인 영감은 순탄하게 재촉하였다. 삼돌이는 일어섰다. 머리까지 울렁거리고 다리는 마비된 듯이 뻣뻣하였다. 그는 뿌리칠까 들어갈까 하면서 끌렸다.

세 사람은 앉았다. 삼돌이는 누웠다. 주인 영감은 선동 아비를 보고 눈짓을 하였다. 선동 아비는 삼돌의 머리를 잡았다. 굵고 억센 주인 영감의 엄지와 검지에 삼돌의 목 고기는 잡혀서 죽 늘어났다. 삼돌이는

＊ 번지는 배우는.
＊ 능치다 능청을 떨다.
＊ 쫏기다 아래윗니를 딱딱 마주 찧다.

온 신경이 송그러들었다. 더구나 주인 영감의 손에 잡힌 서릿발 나는 뼘 남짓한 칼을 볼 때 그는 무의식적으로 소리를 쳤다.

"에구 에구 에구!"

그에게는 아무것도 없었다. 빚, 장가, 밭, 집, 다 그의 기억에서 사라졌다. 다만 고기, 피, 칼, 죽음, 이것만이 그의 모든 정신을 지배하였다.

"쉬이, 이게 무슨 소리냐? 소리를 내지 마라!"

주인 영감은 목에 댄 칼 잡은 손을 멈추면서 삼돌에게 주의시켰다. 삼돌이는 소리를 그쳤다. 칼이 닿았다. 목이 산뜻하였다.

"에구…… 싫소!"

삼돌이는 장에 갇힌 개처럼 마구 울면서 일으키려고 하였다. 주인 영감은 손을 펴서 삼돌의 목을 누르면서 번쩍 일어나 삼돌의 가슴을 깔았다.

"머리를 꼭 붙들어라!"

주인 영감은 선동 아비에게 주의를 시키면서 또 칼을 목에 댔다.

"에구! 으윽."

목을 눌러서 끽끽하는 삼돌이는 몸을 모로 뒤치면서 머리를 들었다. 주인 영감은 급한 김에 두 손으로 목을 눌렀다. 오르는 힘! 내리는 힘! 두 힘 속에 든 서릿발*은 잘못 삼돌의 목에 칵 박혔다.

윽 소리와 같이 삼돌의 목에서 시뻘건 피가 물 뿜는 듯이 솟아올랐다. 주인 영감은 눈이 둥그레서 칼을 뽑아 버리고 삼돌의 목을 두 손으로 움켜잡았다. 피는 여전히 흘렀다. 삼돌이가 배를 뽈구고* 숨을 들이쉴 때면 흐르던 피가 그르르 끓어들다가도 으윽 하고 숨을 내쉬게 되면 뜨거운 선지피가 김 좌수의 손가락 사이와 손바닥 밑으로 쭈르륵 쏴아 솟았다. 세 사람은 피투성이가 되었다. 누릿한 삿자리에 줄줄이 흐르는 피는 구름밭같이 피기도 하고

서리

---

* 서릿발 서리가 성에처럼 된 모양. 여기서는 '칼'을 뜻함.
* 뽈구다 '불리다'의 북한말.

샘같이 흐르기도 하였다. 삼돌이는 연해 발버둥을 쳤다.

"야, 장*…… 가제오나라, 장……."

어쩔 줄 모르고 섰던 선동 아비는 아랫방으로 뛰어갔다. 이슥하여 선동 아비와 주인 마누라가 들어왔다. 주인 마누라는,

"어마!"

하더니 그냥 푹 주저앉아서 부들부들 떨었다. 선동 아비는 장을 삼돌의 목에 철썩 붙였다.

때는 흐른다. 초초분분이 숨을 빼앗긴 목숨은 흐르는 때와 같이 시들었다. 장을 붙였을 때는 삼돌의 억세인 사지에 기운이 빠지고 두 눈은 무엇을 노리는 듯이 뜨고 못 감을 때였다. 끌어들었다 솟아나오던 그 뜨거운 피도 이제는 김없이 줄줄 흘러 엉기었다.

피투성이 된 김 좌수 형제와 주저앉은 마누라는 그저 멍하니 식어 가는 삼돌의 몸에 눈을 던졌다. 방 안은 점점 충충하였다.

우중충한 하늘이 저녁 뒤로부터 비를 뿌렸다. 몹시 뿌렸다. 쏴아 우우 바람 소리 빗소리가 어우러져서 먼 바닷소리 같았다. 기왓골로 흘러 주르륵주르륵 내리는 낙숫물 소리는 샘여울 소리처럼 급하였다.

삼경이 넘어서였다. 김 좌수 집 윗방에서 장정 둘이 밖으로 나왔다. 베 고의적삼에 수건으로 머리를 동이고 앞서서 마루에 나서는 것은 뚱뚱한 김좌수다. 뒤따라 역시 단출하게 차리고 발벗고 등에 기름하고 큼직한 것을 검은 보에 싸지고 나서는 것은 선동 아비였다. 두 사람은 방으로 흘러나오는 불빛까지 거리낀다는 듯이 비쓱 문을 피하여 어둠 속에 섰다.

"에구 어드메루 감메!"

나중에 어청 나온 마누라는 어둠 속을 향하여 수군거렸다.

---

* 장 된장.

"쉬이, 아무데루 가던지 어서 문을 닫소!"

역시 입속말로 하면서 뚱뚱한 그림자부터 마루 아래로 내려섰다.

"아즈마니 들어가오, 저 앞갯으로 감메!"

큼직한 것을 짊어진 그림자가 뒤따라 내려가면서 수군거렸다.

두 그림자는 마루 아래서 어른거리더니 침침한 어둠 속 시끄러운 빗속에 자취와 몸을 감추었다. 쏴아 내리는 비는 그저 이따금 바람에 우우 불려서 마루에까지 뿌린다. 두 사람이 빠져나간 뒤 창문만 불빛에 훤한 커단 검불이 비바람 속에 잠겨서 가만히 놓인 것은 무슨 큰 비밀을 감춘 듯도 하고 무슨 큰 설움을 말하는 듯도 하였다.

6

삼돌의 그림자가 김 좌수 집에서 사라지던 날부터 김 좌수 집에 드나드는 것이 있었다. 이것을 보는 사람은 김 좌수뿐이었다. 그 마누라와 선동 아비도 희미하게 느끼나 김 좌수처럼은 느끼고 보지 못하였다. 그것은 어두운 밤, 고요한 밤, 깊은 밤, 비오는 밤이면 어둑한 구석에서 슬그머니 나타났다. 낮에도 언뜻언뜻 김 좌수 눈에 띄었다.

조그마한 일에도 현령을 서릿발같이 내리는 김 좌수의 위엄으로도 그것은 쫓아낼 수 없었다. 쫓아내기는 고사하고 그것이 뭉긋이 보이면 그는 간담이 써늘하여지고 머리끝이 쭈뼛하였다.

날이 점점 지날수록 그것의 출입은 더 잦았다. 어떤 때는 밖으로부터 들어오기도 하고 어떤 때는 윗방으로부터 나타났다. 그것이 드나들기 시작한 뒤로부터 김 좌수는 날만 저물면 헛간으로 나가기를 싫어하였다. 윗방으로는 더욱 드나들기를 꺼렸다.

김 좌수의 마누라도 말치는* 않으나 낮에도 우중충 흐리고 비나 출

출 내리면 헛간이나 윗방으로 드나들기를 꺼리는 눈치였다. 따라서 만득이와 그 며느리까지도 공연히 무시무시한 기분에 싸인 듯싶었다. 아직 초가을이건만 김 좌수 집에는 늦은 가을처럼 쓸쓸한 기운이 스스로 돌았다. 그래서 김 좌수는 농군을 어서 두려고 구하였으나 아직 얻지 못하였다. 그리고 사랑방에 바둑 장기를 갖다 놓고 밤이면 이웃집 젊은이 늙은이들을 청하였다.

"어쩐지 그 집으루 가기 싫네!"

"글쎄 무슨 귀신이 있는 것처럼 늘 무시무시해서."

"나는 삼돌이 달아난 뒤에는 못 가 봤소……."

이웃에서 이렇게 수군수군하였다. 그런 소리가 여편네들 입으로 김 좌수에게도 전하였다. 이런 말을 들을 적마다 김 좌수는,

"별눔덜 별소리를 다 한다. 언 눔이 그래, 응. 어느 눔이? 귀신 무슨 귀신 있단 말인구?"

하고 혼자 푸닥거리를 놓았다. 그러나 그 말대꾸하는 사람은 없었다.

김 좌수의 마누라가 일전에 몸살로 드러누웠을 때 어떤 무당이 와서 점을 치고 원귀가 있다고 한 뒤로는 김 좌수의 마음도 더욱 무거워졌거니와 이웃에서 또,

"오오, 그래서 만득이가 앓는 게로군…… 이제서야 뱀이 아니라 불로 촌들 소용 있겠소?"

하고 수군거렸다. 그럴수록 사람의 자취는 더욱 끊어질 뿐이었다.

이렇게 될수록 김 좌수의 이맛살은 나날이 심하였다. 불그레하던 낯빛은 한 달이 못 되어 푸르고 희며, 축 처지다시피 살쪘던 두 뺨은 빠졌다. 늘 무엇을 멍하니 보고 있는 그의 가느스름한 눈에는 겁과 두려운 빛이 흘렀다. 그는 매일 술로 벗을 삼았다. 그것도 처음에는 벗이 되었

＊ 말치는 말하지는.

으나 지금은 소용없었다.

오늘도 술을 그리 기울였건만 점점 정신만 났다. 그 거무스름한 그림자만 눈에 어른하면 술도 번쩍 깨어졌다. 퇴침을 베고 누웠던 그는 슬그머니 일어나 앉아서 담배를 대에 담았다. 그는 벽에 걸어 놓은 환한 등불에 껌벅껌벅 담배를 붙이더니 문을 탁 열고 가래를 칵 뱉었다. 서늘한 바람은 방으로 수우 흘러들었다. 별이 총총한 하늘은 퍼렇게 높게 개었다. 뜰이며 울타리며 먼 산날*이 맑은 밤빛 속에 윤곽이 보였다.

김 좌수의 마음은 점점 무거워졌다. 따라 뒤숭숭한 것이 또 안절부절을 못 하게 되었다. 어둑한 뜰 저편 헛간 침침한 어둠 속으로 목을 쭉 늘이고 뭉긋한 것이 어청어청 나왔다. 그는 눈을 돌렸다. 불빛이 그들 그들 비치인 윗방 문이 번쩍 열리면서 싯뻘건 피뭉치가 나왔다. 그는 애써 모든 것을 보지 않으려고 눈을 감았다 뜨면서 시선을 마루로 옮겼다. 시커먼 그림자가 그의 앞에 섰다. 그는 가슴에서 돌덩어리가 쿡 내렸다. 그것은 피묻은 그림자였다. 모두 착각이었다.

그는 이를 악물고 주먹을 부르쥐었다. 용기를 가다듬었다. 담배를 퍽퍽 빨면서 뜰에 내려서서 어둑한 곳마다 자세자세 들여다보았다. 아무것도 없었다. 없으리라 믿기도 하였다. 그러면서도 무에 있는 듯하고 알 수 없는 커단 손이 뒤로 슬금슬금 와서 모가지를 잡는 듯이 뒤를 돌아보지 않을 수 없었다. 돌렸던 머리를 다시 돌이킬 때가 더 괴롭고 무서웠다. 그는 무엇이 쫓는 듯이 얼른 방으로 돌아왔다.

"노댁이(마누라) 자쟌이캤소*?"

그는 부엌방을 향하여 떨리는 소리를 진정해 소리쳤다.

"네, 자지비."

하는 소리가 나서 한참 만에 사잇문이 열리면서 마누라가 씩씩 자는 만

---

* 산날 '산등성이' 의 북한말.
* 자쟌이캤소 잠자자고 했소.

득이를 깰깰 안고 들어왔다.

"영감이 야를 안고 여기서 자오. 나는 며느리 혼자 자기 무섭다니 같이 자겠소."

하고 마누라는 부엌방으로 나가 버렸다. 마누라가 나간 뒤에 김 좌수는 손수 자리를 펴고 만득이를 뉘었다. 다음 그는 벽에 걸어 놓은 기다란 환도를 끄집어 내려서 머리맡에 놓았다. 이것은 대대로 전해 오는 환도였다. 몸이 몹시 아프거나 꿈자리가 뒤숭숭한 때면 이것을 머리맡에나 베개 밑에 넣고 잔다. 그러면 잡귀가 들지 못하여 꿈자리도 뒤숭숭치 않고 몸살 같은 것도 물러간다고 믿는 까닭이었다.

요새 그놈의 이상야릇한 그림자가 꿈에까지 김 좌수를 못 견디게 굴어서 이 환도를 머리맡에 놓게 되었다. 그리고 그의 눈앞에 그 그림자가 보이면 환도로 그것을 치기도 하였다. 그러나 늘 그림자는 맞지 않고 방바닥이나 문턱이 맞았다. 모든 준비가 끝나자 김 좌수는 불을 끄고 만득의 곁에 누웠다.

무거운 어둠이 흐르는 방에 창문만이 밝은 밤빛에 희스름하였다. 사면은 괴괴한데 이따금 바람이 지나는 소린가? 마당에서 부시럭 소리가 들렸다. 김 좌수에게는 그것도 저벅저벅하는 발소리 같았다. 그는 눈을 애써 감으나 자꾸 윗방문을 향하여 뜨여졌다. 그는 또 눈을 감았다. 자리라 하였다. 몸살이 나고 미열이 났다. 그는 두 발을 이불 밖으로 내밀면서 눈을 떴다. 커단 흰 그림자가 그의 눈앞에 섰다. 그는 가슴이 뜨끔하였다. 번쩍 일어나 앉았다. 그림자는 점점 확실히 보였다. 그것은 횃대에 걸친 두루마기였다. 그는 가슴에 손을 대면서 다시 누웠다.

돌아누웠다가는 번듯이 눕고 번듯이 누웠다가는 돌아눕고 눈을 감았다가는 뜨고 떴다가는 감고 이불을 차 밀었다가는 도로 덮고 덮었다가는 활짝 차 밀고 하여 신고하던 끝에 김 좌수는 느른하여 비몽사몽간에 들었다. 고요히 누웠던 그는 귓가에 들리는 소리에 머리를 번쩍 들었다.

방 안은 훤하였다. 윗방 문고리가 쩔렁 빠지면서 문이 쩡 열렸다. 침침한 윗방으로부터 아랫방으로 넘어서는 그림자가 보였다. 김 좌수는 자기도 모르게 번쩍 일어나 앉았다.

그림자는 꺼먼 베 고의 적삼을 입었다. 다리는 불신 걷었다. 푸른 힘줄이 툭툭 삐진 다리! 솥뚜껑 같은 손! 더부룩한 머리는 산산이 흩어졌다. 꺼멓고 쪽 빠진 낯은 피칠되었다. 목으로는 검붉은 선지피가 흥건히 흘러서 꺼먼 고의 적삼을 물들였다. 전신이 피였다. 피사람이었다. 두 눈은 독살이 잔뜩 오르고 이는 꼭 악물었다. 그것은 김 좌수의 앞에 다가섰다. 악문 잇샷*과 목으로 푸우 뿜는 피는 김 좌수에게로 튀어 왔다. 모든 것은 너무도 선명하게 김 좌수에게 보였다.

"앗! 삼돌이놈!"

김 좌수는 한 마디 소리를 쳤다. 그의 알 수 없는 굳센 힘에 지배되어 머리맡 환도를 집어들었다.

"이놈!"

번쩍하는 빛은 벽력 같은 소리와 같이 그 피사람을 향하여 내리쳤다. 일어나 앉은 채 전신의 힘을 다하여 칼을 내린 김 좌수는 그저 그대로 앉았다.

"영감…… 영감이 소리를 침메?"

저편 방에서 자던 마누라 소리가 울려 왔다. 그러나 김 좌수에게는 그것이 들리지 않았다.

사잇문이 열리면서 환한 기름등이 마누라 손에 들려서 들어왔다. 마누라는 등을 한 손에 들고 선잠 깬 눈을 비비면서 영감을 보았다. 영감은 입술을 깨물고 부릅뜬 눈으로 주먹을 내려다보고 있었다. 힘있게 버틴 팔 아래 억세게 부르쥔 커단 주먹에는 환도 자루가 꼭 잡혔다. 환도

---

* 잇샷 잇몸의 틈.

가 내려친 곳에는 그가 사랑하는 아들 '만득'의 몸이 모가지로부터 가슴으로 어슷하게 두 조각이 났다. 흐르는 피는 요바닥을 흠씬 적셨다. 흐릿한 방 안에는 비린내가 흘렀다.

"에엑!"

하자 훤한 불빛에 노렸다가 풀리던 영감의 눈은 다시 동그래지더니 피를 칵 토하면서 앞으로 쓰러졌다. 그것을 이리저리 들여다보던 마누라도,

"으윽!"

하고 쓰러졌다. 그 바람에 기름등은 방바닥에 떨어져서 꺼졌다.

좀 있다가 별이 총총한 푸른 하늘 아래 어둠 속에 고래등같이 뜬 김 좌수의 집으로 여자의 처량한 곡소리가 흘러나왔다. 초가을 깊은 밤, 고요하고 휑한 집에서 울려 나오는 곡소리는 어둠 속에 높이 떠서 온 동리에 흘렀다.

폭군

1

구들이 차다는 트집으로 아내를 실컷 때리고 나선 춘삼이는 낮 전에 술이 흙같이 취하였다. 흥글멍글하고 남의 집 대문 앞에 서서 오줌을 쉬쉬 쏟다가 그 집 늙은 부인한테 욕을 톡톡히 먹었건만 그래도 빙글빙글 웃고 골목길을 걸었다. 길을 걷는지, 춤을 추는지 뼈가 빠진 동물같이 이리 흥글 저리 멍글, 이리 비틀 저리 주춤 내려오다가 조그마한 쪽대문에 들어서서 정지* 문을 펄떡 열었다.

"아즈망이! 술 한 잔 주오."

그는 신 신은 채 정지 아랫목에 쓰러졌다. 바당(부엌, 복도는 부엌과 안방 사이에 벽 없이 한데 통하였다. 바당이란 것은 부엌이고 정지는 부엌에 있는 안방이다.)에서 불 때던 늘그스레한 부인은,

"어디서 저리 처질렀누! 액, 개장시."

하고 입 속으로 뇌면서 혀를 툭 채었다.

---

* 정지 부엌방.

"아하, 그래 술을 안 준단 말이오!"

총 맞은 사람같이 아랫목에 쓰러져서 씨근덕씨근덕하던 춘삼이는 벌떡 일어나 앉았다. 두 팔로 앞을 버티고 앉은 그는 금세 쓰러질 듯이 흥떵멍떵한다.

"에구, 취했구나! 생원이 집에 가서 자구 오오! 그러문 내 국을 끓여 두오리!"

억지로 웃음을 뵈는 노파의 이맛살은 펴지지 못하였다.

"에…… 무무시기라오?"

그는 술이 줄줄 흐를 듯이 거불거불한 눈으로 노파를 쳐다보았다.

"그 그 그래 수 술을 안 준단 말이오? 내게 돈이 없나, 내가 술갑슬 잘가먹었나? 어쨌단 말이우? 자, 여기 여 여이기 돈! 돈이……."

하면서 그는 두루마기 앞섶을 헤치고 조끼 호주머니에 손을 넣는다. 어이없다는 눈으로 물끄러미 그 꼴을 보던 주인 노파는 허허 웃으면서 주정꾼 앞으로 오더니,

"생원이사 내 속을 뻔히 알지? 내 어디 그럽데? 돈이? 생원으게 돈이 어찌 없겠소? 돈이 업서두 줄 처진데, 돈이 있다는데 주기 싫여서 안 주겠소? 시방 취했으니 이따가 잡수!"

하고 노파는 풀어진 춘삼의 옷고름을 매 주었다.

"내가 술갑슬 잘가먹을 것 같소? 에튀! 흐흐흐."

그는 어깨를 으쓱하고 머리를 흔들흔들하면서 코웃음을 쳤다.

"글쎄 뉘가 잘가먹는담메? 또 잘니면 어때서, 내 그만꺼 생원에게 잘렸다고 송사를 하겠습메? 하하, 어서 좀 가 자오!"

노파는 얼렁얼렁하면서 춘삼의 허리를 안아 일으켰다.

"이게 무슨 짓이오? 이 이 이것 놓소! 뉘가 늙은 거 좋다고 하오? 흥."

춘삼이는 몸을 틀면서 노파를 두 손으로 꽉 밀쳤다. 그는 머쓱히 밀

려 서 있는 노파를 보면서,

"하하하, 그래 술 안 주겠소? 한 잔만 딱 먹겠소!"

하면서 궁둥이를 질질 끌고 부뚜막에 들앉았다. 얼었던 신발이 뜨뜻한 방 안에 들어오니 녹아서 흙물이 번지르르 자리에 그림을 그렸다.

"그래 꼭 한 잔만 줄게 먹고 가겠소?"

노파는 '네 참말로 한 잔만 먹고 그만둘 테냐?' 하는 눈초리로 춘삼을 보았다. 춘삼이는 빙긋 웃으면서 혀 굽은 소리로,

"가구말구 한 잔만 주우!"

주인 노파는 한숨을 휴 쉬고 위칸으로 가더니 공상(정지 윗목에 벽을 의지하여 삼 층으로 시렁을 매는데, 맨 밑층은 공상이라 하여 쌀독같이 크고 무거운 것을 놓고, 가운데 층은 조왕이라 하여 사발, 공기같이 가벼운 것을 얹고, 마지막 층은 덕대라 하여 밥상을 얹는다.)에 놓인 조그마한 단지에서 술을 대접에 반만큼 떠다가 푸접 없이 쓱 내밀었다.

춘삼이는 받았다.

그는 흥글흥글하고 술대접을 한참 보더니,

"흐흐, 이 술을 주면서 속으로야 욕을 좀 하리?"

하고 목을 점점 뒤로 젖히면서 소 물 켜듯 꿀꺽꿀꺽 마신다. 주인 노파는 점점 들리는 턱 아래 분주히 오르내리는 목뼈를 흘겨보면서 혀를 툭 채었다.

"으윽 왝!"

춘삼은 입에서 술대접을 뗀 듯 만 듯하여 어깨를 으쓱하고 아가리를 씰룩하면서 머리를 앞으로 숙였다. 코와 입으로 시티한 걸디건 물이 폭포같이 쏟아졌다.

"엑 개장시여! 엑 추접아!"

주인 노파는 벌떡 일어서면서 춘삼이를 흘겨보았다.

"무시게 어쩌구 어째?"

춘삼이는 두루마기 소매로 입을 씻으면서 노파를 노려보았다. 단박 서리 같은 호령이나 내릴 것 같다. 노파는 몸을 벌벌 떨면서,

"그러믄 개장시 아니고 무시기야?"

악스럽게 한 마디 쏘았다.

"무어 개장시라니? 이 쌍놈으 노친 같으니!"

춘삼이는 앞에 놓은 술대접을 머리 위에 번쩍 집어 들었다. 노파는 위칸으로 피해 서면서,

"좋다? 그 새끼 미쳤는 게다. 술으 먹었지 똥물으 먹었는 갭네!"

하는 소리가 떨어진 둥 만 둥하여

"으응! 이놈으 년 같으니."

하는 춘삼의 우렁찬 소리와 같이 그 손에 잡혔던 대접은 쏜살같이 조왕에 던져졌다. 자끈, 쌔그르륵 —— 대접이 떨어지는 곳에 보기 좋게 쌓아놓았던 그릇들은 산산이 부서지고 들들 굴러 떨어진다. 공상에 놓았던 독들도 떨어지는 그릇에 부딪혀서 탁 깨졌다. 주인 노파는 몸을 부르르 떨고 이를 빡 갈았다.

"이놈아, 기장은 왜 치니? 응, 죽여라! 죽여라! 나까지 잡아먹어라!"

주인 노파는 악을 쓰고 덤벼들었다. 춘삼의 의복은 찢겼다. 그의 뺨은 노파의 손톱에 긁혀서 피가 흘렀다.

"이 미친놈아! 늙은 년이 푼푼이 모아서 일워 놓은 그릇을 무슨 턱으로 부순단 말이냐? 내게 무슨 죄냐? 내 술갑슬 내라! 생원님, 생원님 하니 침때나 놓는 체한다구! 이놈아, 내 술갑슬 육십여 냥이나 지구두…… 그래도 나는 혼연히 가티 지냈다. 이 가슴이 터지는 것도 꾹 꾹 참아 왔다."

노파는 죽을 둥 살 둥 모르고 덤빈다. 춘삼이는 노파의 머리를 휘어잡았다.

"에고고! 이놈이 사람을 죽이는구나!"

춘삼의 억센 발은 노파의 허리에 닿았다.

바당문은 열렸다. 정지문도 열렸다. 사람들은 모여들었다.

"이게 어쩐 일이오?"

한 사람이 와락 달려들어서 춘삼의 손을 잡았다.

"이놈아, 이것을 못 놀 테냐?"

오그그 모여든 속에서 한 사람이 소리를 치면서 내닫더니 춘삼의 귓벽을 철썩 갈겼다. 춘삼이는 쓰러졌다.

"야, 이놈의 호로새끼야! 네 에미 같은 사람의 머리를 끌어!"

노파는 앙드그륵 악물고 두 눈에 불이 휑해서 춘삼에게 달려들었다.

"어마니, 그만 참소!"

"아즈마이 그만두시오! 액 미친 놈!"

앞뒤에서는 일변 노파를 말리고 일변 춘삼을 차고 욕한다.

"에구! 가슴이 터져라!"

노파는 목이 메어 울지 못하고 가슴을 쾅쾅 치더니 차츰 울음소리가 커졌다.

"그 아니꼬운 꼴을 웃고 보면서 모아 놓은 것을……. 흑! 흑!…… 자식도 없는 것이 그것으로 낙을 삼든 것을 어엉. 흑흑! 어엉!"

노파는 울음을 딱 그치고 머리를 틀어얹었더니,

"응, 이놈 보자! 네놈의 집을 가서 기둥뿌리를 빼 오겠다."

하고 문으로 내달았다. 그 두 눈에는 굳센 광채가 서리었다. 낯빛은 검으락푸르락하였다. 문 앞에 모여 섰던 군중은 뒷걸음을 쳤다.

2

으스스한 겨울날은 어느 새 저녁때가 가까웠다. 새벽 나간 사내가 돌

아오지 않는 것이 퍽 마음이 켕겼다. 보통 때에도 나갔다 들어오면 트집을 툭툭 부리는 사람이 오늘은 새벽 트집을 쓰고 아침도 먹지 않고 나갔으니 반드시 어디 가서 술을 먹거나, 그렇지 않으면 대문 어귀에서부터 부푼 소리를 치고 들어올 것이다 —— 이렇게 생각하는 학범 어미의 가슴은 수술실로 들어가는 병자의 가슴같이 두근두근하여 진정할 수 없다. 시집살이 이십여 년에 맑은 하늘이라곤 보지 못하였다. 근본이 양반이요, 사람이 똑똑하고 돈냥도 넉넉하다 하여 춘삼에게 허락한 것이다.그리하여 학범 어미는 열다섯에 시집을 왔다. 어머니는,

"아직 나가 어린 것을 어디로 보내겠소!"
하고 애석해하는 것을 아버지가,

"나가 어리긴? 계집이 나가 열다섯이면 자식을 낳았겠는데."
이렇게 우겼다. 그 때 아버지는 딸 혼수전으로 오백 냥을 받았다. 그가 시집와서 사 년 만에 시어머니 돌아가시고, 그 해 가을에 친정 아버지가 돌아가셨다. 그리고 시어머니가 돌아가신 지 오 년 만에 시아버지가 돌아가셨다. 그 때 학범의 나이 네 살이었다.

춘삼이는 아버지가 돌아가신 날부터 전 방문을 닫아 채워 버렸다. 그 뒤로 그의 업은 술, 계집, 골패, 투전, 싸움이었다. 나중은 술게걸이라는 별명까지 받았다. 밭고랑이나 있던 것은 어느 틈에 다 날아가 버리고 집문권까지 남의 손에 가 버렸다. 그리고는 학범 어미가 닭도 치고, 도야지도 기르고, 삯바느질도 하여 푼푼이 모은 것까지 술값, 투전채로 쭉쭉 훑었다. 그것도 부족하여 생트집을 툭툭 부리고 여편네를 때렸다. 세간을 모은다고 야단을 쳤다. 나중은 처갓집까지 팔아 없애서 친정 어머니는 딸을 따라와서 같이 있으면서 사위의 갖은 학대와 괄시를 받다가 작년 겨울에 돌아가셨다. 그는 죽을 때에 학범이와 딸의 손목을 잡고 섧게섧게 울다가 눈 못 감고 죽었다.

"학범 엄마! 사람의 한뉘(일생)라는 게 쓰리니라. 학범 아바지가 후회

할 날이 있겠으니 너는 일절 골을 내지 말고 공대를 하고 순종해라. 마음을 잘 쓰면 다 그 값은 받너니라. 학범이 잘 자라도 그게 복받는 게 아니냐? 휴우! 어쨌든 네 아비가 못된 것이너니라. 에구, 참 불쌍도 하지, 우리 학범 어미는.”

하고 점점 틀려 가는 눈에서 소리 없는 눈물이 방울방울 흘렀다. 때는 학범의 나이 여덟이었다.

어머니 돌아가신 뒤로 학범 어미는 더욱 고적하였다. 그는 사내의 횡포가 심하면 심할수록 순종하였다. 의복은 이틀 건너 사흘 건너 빨았고, 밥상에는 반찬이 떨어지지 않도록 애썼다. 그는 한 줄의 희망을 학범에게 붙였다. 어떤 때는 슬그머니 죽어 버리고도 싶었으나, 이 때까지 참아 오면서 모시던 사내에게 더러운 허물이나 가지 않을까, 나날이 커가는 학범이가 의지가지없이 길거리에서 헤맬 것을 생각하는 때면 삶의 줄이 죽음의 줄보다 더 굳세게 그를 끌었다. 그는 어떤 고생이든지 참아 가면서라도 학범이를 공부시키고 장가들인 뒤에 죽기를 은근히 빌었다.

이 날 아침에도 사내가 나간 뒤에 그는 울렁거리는 가슴을 진정해 가면서 앞뒤뜰을 말끔히 쓸어 놓고, 아침을 지어서 사내 상은 따로 차려 놓고, 어머니 영좌에 상식하고, 학범이도 먹여서 학교에 보냈다. 그리고 다듬이, 바느질로 진종일을 보내었다. 밖에서 발자취만 들려도 사내가 오는 듯해서 가슴이 두근두근하고 어디서 어린애 울음소리만 들려도 학범이가 울지 않는가 하여 뛰어나가 보았다.

저녁 준비를 하려고, 하던 일감을 주섬주섬 거두는데 와 —— 하는 소리와 함께 급한 자취 소리가 나더니 정지문이 펄쩍 열렸다. 학범 어미는 별안간 찬물을 등에 받은 사람같이 ‘흑엑’ 놀라 일어섰다. 문으로 들이뛰는 것은 머리를 산산이 풀어헤친 늙은 노파였다. 이런 것을 한두 번 당하지 않은 학범 어미는 그 노파를 볼 때 가슴이 뜨끔하였다. 온 혈관에 얼음이 부쩍 차는 듯하였다. 두 뺨은 해쓱하고 뜨르르한 큰 눈에 힘이 빠졌다.

"어마? 에 어째 이러오? 우리 집(남편)에서 또 무슨 일을 저즐너 논게로구마!"

학범 어미는 노파의 팔목을 잡았다. 노파는 다짜고짜 조왕 쪽으로 몸을 주면서,

"이놈 가트니! 응, 네놈의 집은 내가 그저 둘 줄 아니? 내 이놈의 집 가메솟도랭이를 빼고야 말 테다. 이거 놔라! 이거 놔."

소리를 고래고래 지른다. 학범 어미는 괴로운 웃음을 지으면서 노파의 허리를 안았다.

"어마니! 참으시우. 내 말을 듣소! 네…… 우리 집에서 잡숫고 어마니 괄세를 한 게로구마!"

"야 이년아! 이거 놔라! 너 서방이 우리 집 가정 도립을 하였다. 내 너 집 가메솟도랭이를 빼고야 말겠다."

가정 도립! 세간을 모두 짓모았다는* 말에 학범 어미 가슴은 쿵 하였다. 하나는 앞으로 하나는 뒤로 —— 힘과 힘은 서로 얽히어서 학범 어미와 노파는 안고 굴렀다.

사람들은 모여들었다.

"이년, 놔라!"

노파는 학범 어미의 머리채를 끌었다.

"어마 에! 내 낯을 보고 그만두오! 내 모두 물어 놋소리!"

학범 어미의 소리는 위대한 권력 아래 꿇어앉은 약한 무리의 부르짖음같이 힘없고 구슬펐다. 사람들은 남녀를 물론하고 모여들어서 싸움을 말렸다.

＊짓모으다 짓이기다시피 잘게 부스러뜨리다.

"에구, 못된 놈이야! 스나(남편)를 못 만나서 부처님 같은 저 에미니 (여편네)까지 못살게 구는구나!"

"에미네(여편네)는 참말 학범 어미 같은 게 없어! 그놈이 저런 처를 박 대를 하고서 무시게 잘 되겠소?"

여러 사람들이 말리는 바람에 노파는 주저앉았다. 학범 어미는 땅을 땅땅 치고 통곡하는 노파의 앞에 앉아서,

"내 모두 갚아 놋소리! 돼지 하나 먹이는 게 있고 베짠 삼도 있으니 그거 팔아서 갚을 게 어머니 내 낯을 보고 참소!"

노파는 갔다. 모였던 사람들도 갔다. 쭐쭐 울고 있던 학범이는 가마 목(부뚜막)에 누워서 잔다. 집 안은 휑뎅그렁한 것이 초상난 집 같다. 학 범 어미는 무릎을 쫑그리고 앉아서 창문을 퀭히 보았다. 모든 것이 한 바탕 꿈 속 같다. 그러나 그것은 꿈이 아니다. 서리를 맞아 고꾸라지는 꽃 같은 자기의 그림자가 눈앞에 떠올랐다. 그 신세가 한껏 외롭고 한 껏 가엾게 생각됐다. 설움이 북받쳐올랐다. 돌아가신 어머니 생각이 간 절하였다. 그는 학범의 뺨에 뜨거운 눈물을 소리 없이 떨어뜨렸다. 남 편이 너무도 야속스럽고 원망스러웠다. 어머니 제사에 쓰려고 추위와 더위를 무릅쓰고 길렀던 도야지까지 팔아 없앨 생각을 하니 가슴이 미 어지는 것 같다. 그러다가 그는 눈물을 씻고 모든 것을 생각지 않으려 고 하였다. 남편을 원망하고 눈물을 쭉쭉 흘리는 것이 무슨 불길한 징 조 같아서 그만 참았다.

학범 어미는 저녁 상식 때에 또 울었다. 어머니 영좌* 앞에 엎디어서 굽이굽이 맺힌 설움을 하소하듯 느껴 울었다. 줄줄이 흘러내리는 뜨거 운 눈물은 자기 몸을 싸고 흐르는 검은 그림자를 속속들이 씻어 주는 듯하였다. 어머니의 품이 안아 주고 어머니의 부드러운 말씀이 들리는

---

* 영좌(靈座) 위패를 모시어 놓은 자리.

듯이 마음이 든든하고 가슴이 풀렸다.

"제마(어머니)! 어째 움매? 외큰아매(외할머니) 보고 싶어 우오! 응……."

밥 먹던 학범이는 어머니 곁에 와서 섰다. 그는 얼른 눈물을 거두었다. 어린 학범에게 우는 낯을 보이지 않으려고 함이다.

"응…… 외큰아매 보고 싶어서 운다. 너는 외큰아매 보고 싶지 않으냐? 흥윽."

"나두 외큰아매 보고 싶지 하 —— ."

쳐다보고 내려다보는 두 모자의 눈에는 따뜻한 웃음이 괴었다. 학범 어미는 자기로도 알 수 없는 충동에 학범이를 껴안았다. 모자는 뜨거운 뺨을 비비었다. 저물어 가는 황혼빛은 방 안으로 기어든다. 사방은 고요한 침묵에 싸였다.

3

밤은 이경이 넘었다. 춘삼이는 그저 돌아오지 않았다. 학범 어미는 학범이를 데리고 갔을 만한 집에는 다 찾아보았으나 없었다. 술이 취하여 길에나 눕지 않았나 해서 험한 골목, 조용한 골목은 다 찾아보았으나 역시 보이지 않았다.

하는 수 없이 돌아와서 학범이를 재워 놓고 등불 앞에 앉아서 바느질을 시작하였다.

밤은 점점 깊어 간다. 사면은 고요하다. 싸 —— 하는 기름불은 이따금 불씨가 앉아서 뿌지직뿌지직 소리를 치면서 거불거불한다. 그 때마다 학범 어미는 바느질손을 멈추고 쇠꼬챙이로 등찌를 껐다. 솔솔 사방으로 흘러드는 싸늘한 기운은 얇은 옷을 뚫고 살 속으로 스며든다. 그는 곁에 누운 학범의 이불을 다시 눌러 놓으면서 한숨을 길게 쉬었다.

'스르륵 빠드득 빠드득.'

하는 소리에 그는 창문을 언뜻 쳐다보면서 귀를 기울였다. 가슴이 쿵 하고 후두두 떨렸다. 스륵스륵 빠드득 —— .

그것은 뒷방에서 쥐들이 설치는 소리였다. 그는 비로소 안심한 듯이 일손에 눈을 주었다. 가슴은 그저 떨린다. 밖에서 바람 소리만 들려도 신 끄는 소리 같아서 가슴이 두근거리고 마음이 죄었다. 저녁편 난리판에 태아가 놀랐는지 배까지 슬슬 아파서 일이 손에 잡히지 않았다. 그는 배를 그러쥐고 등불을 보았다. 등불은 점점 둘 셋 넷 되어 보이더니 나중은 수없는 불방울이 사방으로 둥둥 흩어져서는 사라지고 사라지고는 흩어진다. 크고 작고 붉고 푸른 그 불방울은 남편의 취한 눈알 같다. 그는 보지 않으려고 눈을 꼭 감았다. 등 뒤에는 커단 그림자가 서서 자기의 목을 슬그머니 잡는다. 그는 눈을 번쩍 뜨고 머리를 돌렸다. 아무것도 없었다. 그는 몸살을 오싹 치면서 사방을 돌아보았다. 어둑한 구석구석에서는 무엇이 말똥말똥한 눈깔로 자기를 노려보는 것 같다. 그는 마음을 단단히 먹었다. 모든 것을 잊으려고 하였다. 다시 바느질을 시작하였다. 그러나 생각지 않으려고 하면 할수록 구석구석에 숨은 눈깔은 더욱 자기를 노리고 등 뒤에는 그 그림자가 섰는 듯해서 머리를 돌리지 않을 수 없었다. 그러나 머리를 바로 가지면 그것이 또 서 있는 듯해서 그저 있기도 어렵고 돌리기도 어려웠다. 그는 가운데 방문을 열어 놓았다. 그 방에는 어머니 영좌가 있다. 그것을 열어 놓으면 어머니가 지켜 주는 듯해서 마음이 좀 훈훈하였다.

삐꺽삐꺽 —— 사립문 소리가 들렸다. 뒤따라 오장이 미어지게 가래침 뱉는 소리, 어지러운 신 소리가 들렸다. 그는 가슴이 쿵 하고 두근두근하였다. 얼른 일어서서 밖에 나섰다.

싸늘한 공기가 그의 몸을 쌌다. 그는 오싹 몸서리를 쳤다. 파란 하늘에는 별이 총총하다. 이웃집 지붕이며 울타리 밑에 쌓인 눈은 어둠 속에 빨래 더미 같다. 흥글멍글 정신없이 뜰에 나타난 것은 분명한 춘삼의 그림자다. 계집은 아무 소리 없이 축대 아래 내려섰다. 비틀비틀 들어오던 사내는 떡 서서 흥땡흥땡 계집을 본다.

"으흐! 그래 스나(사내) 녀석은 아츰도 안 멕이구, 그래 에미네(여편네)년덜만 먹구! 흐흐 집안이어! 흐엑 퇴!"

계집은 쓰러질 듯한 사내의 팔을 붙잡았다.

"날내(어서) 들어가기오! 들어가서 좀 눕소!"

"뭐야! 그래 밥은 안 줄 텐가? 에튀! 저덜만 뱃똥눈이 터지게 처먹구…… 으응…… 이렇게 늦게 들어와도 찾아도 안 댕겨! 어참!"

사내는 계집이 잡은 팔을 뿌리쳤다. 계집은 뒤로 쓰러질 듯이 비틀거리다가 겨우 바로 서서 사내를 마루로 끌어올렸다.

"에구! 저거 보! 흐…… 악게 학범이하구 둘이서 암만 찾아댕겨도 없던데!"

나직한 그 소리는 부드러웠다.

"무시기 어째? 그래 계집년이 사내를 찾아댕게스문 좋겠다. 아무게네 계집은 사내를 찾아댕긴다고 소문이 잘 나겠다. 흥!"

춘삼이는 정지 아랫목에 들앉았다. 계집은 신을 끄르고 두루마기를 벗겼다. 모자는 어디 두었는지 뿌연 민머리 바람이다. 춘삼의 몸은 맹자 읽는 선비같이 흔들흔들한다.

"그래 밥으 안 주어?"

"지금 채려요!"

부뚜막에 놓았던 밥그릇, 화로에 놓았던 찌개, 이렇게 밥상을 차렸다. 춘삼이는 젓가락으로 밥을 쏙쏙 쑤시더니,

"이게 이저는 조밥을 멕이는가?"

하면서 계집을 노려보았다. 황공스럽게 상머리에 앉았던 계집은,

"에구! 아니오. 우리 먹거라구 한쪽에 있던 좁쌀이 조금 섞였는 게오!"

하는 말은 온순하였다. 그는 사내의 일동 일정을 주의하였다.

"그런데 이것 왜 반찬은 이 모양인가!"

"오늘 돈이 없어서 고기를 못 샀소!"

"저 바깥에 걸어 놓았든 명태는 어쨌누?"

사내는 눈을 부릅떴다. 계집은 한참 있다가,

"그거는 어머니 제사에 쓸 게오."

하는 그 소리는 겨우 입 밖에 나왔다.

"무시기 어찌구 어째? 제산지 난쟁인지 그늠으 거는 다 뭐야?"

계집은 코를 들이마셨다. 흑흑 느꼈다. 치맛자락으로 눈을 가렸다.

"이 쌍년아, 울기는 왜 떽하면 우니? 무슨 방정이냐?"

소리와 같이 왈각 —— 밥상은 계집의 머리에 씌워졌다. 계집은 번쩍 일어섰다.

"그 쌍놈의 상문인지 개다린지 바사 버려야지."

사내는 방으로 들이뛰더니 쾅쾅 영좌를 부순다. 어머니는 돌아가셔도 평안치 못하신가 생각하니 계집의 가슴은 깔깔 녹아내리는 듯하였다. 그는 더 두려울 것이 없었다. 방으로 들어가 버렸다. 학범이는 울면서 따라 들어갔다.

"죽이겠으면 나를 죽이오!"

계집은 사내 앞에 서서 손을 벌려 영좌를 막았다. 사내는 계집의 팔을 잡아채어서 방바닥에 뉘어 놓고 밟다가 불 밝은 정지로 끌고 나왔다. 학범이는 엉엉 울면서 발을 동동 구른다. 이웃집 사람들이 우우 몰려왔다.

"이 사람 또 술이 취했네!"

한 사람은 춘삼의 하리를 안았다. 또 한 사람은 춘삼의 손에서 계집

의 머리채를 뽑으면서

"이 사람 아서 노라니!"

큰 소리를 쳤다.

"가만, 이년을 내가 직일 테야!"

춘삼의 억센 주먹은 말리는 사람들 사이로 계집의 가슴에 떨어졌다.

"애고고! 어엉 흙이."

"이거 이 사람이 미쳤나?"

"에구, 끔찍두 해라!"

이웃집 여편네들은 몸을 떨었다.

여러 사람이 붙잡고 말리는 바람에 학범 어미는 겨우 몸을 뺐었다. 춘삼이는 주저앉아서 씨근씨근한다. 말리던 사람들은 잠잠히 서서 서로 쳐다보고는 춘삼이와 학범 어미를 보았다. 학범이는 아버지 곁에 서서 그저 엉엉 운다.

"야 이놈아 시끄럽다!"

홍두깨 같은 춘삼의 주먹에 쓰러지는 학범이는,

"애고곡 제 —— 마!"

하고 숨이 끊어지게 부르짖었다.

몸을 빼려고 뒷문 앞까지 갔던 학범 어미는 홱 돌아서서 사내를 보면서,

"미쳤는 게다. 어린것이 무슨 죄요!"

하고 톡 쏘았다. 두 눈에는 핏줄이 발갛게 섰다.

"이년!"

춘삼이는 벽력같이 소리를 지르면서 벌떡 일어섰다. 두 손에는 그의 뒷구석에 놓였던 방칫돌(다듬잇돌)이 들렸다.

"빠져라, 뒷문으로 빠지거라!"

"저 돌으 아삿삐다(빼앗아)!"

여러 사람의 소리가 끝나기 전에 응 하는 소리와 함께 방칫돌은 뒷문을 향하여 날았다.

"애고…… 으응……."

쾅—— 열리는 뒷문과 같이 학범 어미는 쓰러졌다. 모든 사람들은,

"아악!"

"에구!"

"에구, 에지!"

하는 소리가 집을 부술 듯이 일어났다. 모두 몸을 부르르 떨었다. 춘삼이는 누구에게 맞았는지 코피를 흘리고 쓰러진다.

모두 뒤로 몰렸다. 소 길마에 누인 물먹은 죽엘같이 학범 어미는 허리를 문턱에 걸쳐 놓였다. 방칫돌은 허리와 궁둥이를 짓눌렀다. 바짓가랑이에서는 불그레한 피가 줄줄 흐른다. 쓰러지는 때에 낙산까지 된 것이다.

여러 사람은 학범 어미의 머리와 다리를 들었다. 허리가 부러져서 땅에 끌린다. 어떤 늙은 부인이 허리를 받들었다.

"학범아! 익잉 에구 학범 아버지, 꺽…… 에!"

방에 뉘어진 학범 어미는 간신히 입속말로 부르고 고요히 운명하였다.

"어엉 제마(엄마)! 에구 내 제마 어엉!"

학범이는 어미의 목을 끌어안고 섧게섧게 운다. 뼈를 에고 가슴을 쪼개는 어린이의 울음에 모든 사람의 눈은 스스로 젖었다.

"아하…… 죽어서나 좋은 곳으로 가거라!"

어떤 부인인지 한숨 섞인 소리로 뇌었다.

4

"네…… 제발 한 번만 보게……."

술이 깨었는지 춘삼의 소리는 똑똑하다. 그의 앞은 코피가 흘러서 벌겋다.

"이놈이 웬 잔소리야, 어서 걸어!"

포승을 잡은 순사는 눈을 딱 부릅떴다.

"그저 제가 죽을 때라 그랬으니…… 나리! 한 번만 학범 어미의 낯을, 한 번만 보게…… 으으윽."

그는 목멘 소리를 하면서 모여선 사람을 밀치고 윗목으로 가려고 한다. 순사는 춘삼의 뺨을 불이 번쩍 나게 갈기면서,

"이 자식이 그래도 법 무서운 줄 모르나? 어서 걸어, 잔말 말고."

하고 밖으로 내끌었다.

"어엉 어엉 혹…… 죽여 주드라도…… 에구…… 학범 어미를 한 번…… 한 번만 보…… 보…….."

그는 꺽꺽 목메어 운다.

엷은 애수와 공포에 싸인 군중은 물을 뿌려 논 듯이 고요하다.

"하하, 잘됐구나! 이 몹쓸 춘삼아!"

하는 처량한 부르짖음과 같이 손뼉 소리가 뜰에서 나더니, 바당문으로 툭 튀어 들어오는 것은 술집 노파다.

"하하, 네 이놈 춘삼아! 이 늙은 가슴에 못을 박고 성인 같은 네 계집을 잡아먹고도 네 무슨 잘 되겠니?…… 벼락을 맞아라! 벼락을……."

노파의 두 눈에는 불이 환하다.

"쉬! 순검이 왔소!"

누군지 노파에게 주의를 시켰다.

"네…… 나리…… 에구……."

춘삼이는 눈물을 방울방울 떨어뜨렸다.

"어서 걸씨."

"빠가야로(바보자식)!"

"에쿠!"

곁에 섰던 일본 순사의 구둣발에 채어서 끌려나가던 춘삼이는 축대 아래 찬 땅에 거꾸러졌다.

"어엉…… 흑흑…… 제…… 제 —— 마 —— 에이고 내 제마(엄마)! 으응!"

학범이는 그저 윗목에서 어미의 뺨에 낯 비비면서 구슬피 통곡을 친다. 알 수 없는 두려움에 싸인 군중은 눈물을 씻었다.

기아와 살육

1

경주는 묶은 나뭇짐을 짊어졌다.

힘에야 부치거나 말거나 가다가 거꾸러지더라도 일기가 사납지 않으면 좀더 하려고 하였으나, 속이 비고 등이 시려서 견딜 수 없었다.

키 넘는 나뭇짐을 가까스로 진 경수는 끙끙거리면서 험한 비탈길로 엉금엉금 걸었다. 짐바*가 두 어깨를 꼭 조여서 가슴은 뻐그러지는 듯하고 다리는 부들부들 떨려서 까딱하면 뒤로 자빠지거나 앞으로 곤두박질할 것 같다. 짐에 괴로운 그는,

"이놈, 남의 나무를 왜 도적질해 가니?"

하고 산 임자가 뒷덜미를 잡는 것 같아서 마음마저 괴로웠다. 벗어 버리고 싶은 마음이 여러 번 나다가도 식구의 덜덜 떠는 꼴을 생각할 때면 다시 이를 갈고 기운을 가다듬었다.

서북에서 쏠려 오는 차디찬 바람은 그의 가슴을 창살같이 쏜다. 하늘

---

* 짐바 짐을 묶거나 매는 데 쓰는 줄.

은 담뿍 흐려서 사면은 어둑충충하다.

　오 리가 가까운 집까지 왔을 때, 경수의 전신은 땀에 후줄근하였다. 몸을 움직일 때마다 의복 속으로 퀴지근한 땀 냄새가 물씬 물씬 난다. 그는 부엌방 문 앞에 이르러서 나뭇짐을 진 채로 펑덩 주저앉았다.

　'인제는 다 왔구나.'

하고 생각할 때, 긴장되었던 그의 신경은 줄 끊어진 활등같이 흐무러져서 손가락 하나 꼼짝할 용기도 나지 않았다.

　"해해, 아빠 왔다. 아빠! 해해."

　뚫어진 문구멍으로 경수를 내다보면서 문을 탁탁 치는 것은 금년에 세 살 나는 학실이었다. 꿈 같은 피곤에 싸였던 경수는 문구멍으로 내다보는 그 딸의 방긋 웃는 머루알 같은 눈을 보고 연한 소리를 들을 제 극히 정결하고 순화하고 부드럽고 따뜻한 —— 무어라 형용키 어려운 감정이 그 가슴에 넘쳤다. 그는 문이라도 부수고 들어가서 학실이를 꼭 껴안고 그 연한 입술을 쪽쪽 빨고 싶었다.

　"으응, 학실이냐?"

　그는 빙그레 웃으면서 바와 낫을 뽑아들었다. 이 때 부엌문이 덜컥 열렸다.

　"이제 오니? 네 오늘 칩었겠구나! 배도 고프겠는데 어찌겠는구?"

하면서 내다보는 늙은 부인은 억색*해한다.

　"어마니는 별걱정을 다 함메! 일없소."

　여러 해 동안 겪은 풍상 고초*를 상심하는 그 어머니의 주름 잡힌 낯을 볼 때마다 경수의 가슴은 전기를 받는 듯이 찌르르하였다.

＊ 억색　원통하여 가슴이 답답함.
＊ 풍상 고초(風霜苦楚)　찬 바람과 찬 서리를 맞는 괴로움과 아픔이라는 뜻으로, 온갖 모진 시련과 고난을 비유적으로 이르는 말.

2

경수는 부엌에 들어섰다.

벽에는 서리가 드리돋고* 구들에는 먼지가 풀썩풀썩 일어나는 이 어
둑한 실내를 볼 때, 그는 새삼스럽게 서양 소설에 나타나는 비밀 지하
실을 상상하였다. 경수는,

"아빠 아빠."

하고 달눙달눙 쫓아와서 오금에 매어달리는 학실이를 안고 문 앞에 앉
아서 부뚜막을 또 물끄러미 보았다. 산후 풍이 다시 일어서 벌써 열흘
넘어 신음하는 경수의 아내는 때가 지덕지덕한 포대기와 의복에 싸여
서 부뚜막에 고요히 누워 있다. 힘없이 감은 두 눈은 쑥 들어가고, 그리
풍부치 못한 살은 폭 빠져서 관골*이 툭 나왔다.

"내 간 연에 더하지는 않았소?"

"더하지는 않았다마는 사람은 점점 그른다."

창문을 멍하니 보던 그 어머니는 머리를 돌려서 곁에 누운 며느리를
힘없이 본다. 문구멍으로 흘러드는 바람은 몹시 쌀쌀하다. 여러 날 불
끊은 구들은 얼음장같이 뼈가 저릿저릿하다. 누덕치마 하나도 못 얻어
입고 입술이 파래서 겨울을 지내는 학실이는 방긋방긋 웃으면서 경수
의 무릎에 올라앉았다가는 내려서 등에 가 업히고, 업혔다가는 무릎에
와 안기면서 알아 못 들을 어눌한 소리로 무어라고 지껄이기도 한다.

"안채에서는 아께두 또 나와서 야단을 치구……."

그 어머니는 차마 못할 소리를 하듯이 뒤끝을 흐리머리해 버린다.

"괴친놈들 같으니라구. 누가 집세를 떼먹나! 또 좀 떼우면 어때?"

경수는 얼결에 내쏘았다.

---

* 드리돋다 마구 돋아나다.
* 관골(觀骨) 광대뼈.

"야, 듣겠다. 안 그러겠니? 받을 거 위쩌(어째) 안 받자고 하겠니? 안 주는 우리가 글치……."

하는 어머니의 소리는 처참한 처지를 다시금 저주하는 듯하다.

"글키는? 우리가 두고 안 준답디까? 에그, 그 게트림하는 꼴들을 보지 말고 살었으면……."

경수는 홧김에 이렇게 쏘았으나 그 가슴에는 천사만념*이 우물거렸다.

*** 천사만념**(千思萬念) 천사만고. 여러 가지를 생각함 또는 그런 생각.

어머니의 시대에는 남부럽잖게 지내다가 어머니가 늙은 오늘날, 즉 자기가 주인이 된 이 때에 와서 어머니와 처와 자식을 뼈저린 냉방에서 주리게 하는 것을 생각하는 때면 자기가 20여 년간 밟아 온 모든 것이 한푼 가치가 없는 것 같고, 차마 내가 주인이라고 식구들 앞에 낯을 드러내 놓기가 부끄러웠다.

　'학교! 흥 그까짓 중학은 다녔대 무얼 한 게 있누! 학비 때문에 오막살이까지 팔아 가면서 중학을 마쳤으나 무엇이 한 것이 있나? 공연히 식구만 못살게 굴었지.'

　그는 이렇게 하루도 몇 번씩 자기의 소행을 후회하고 저주하였다. 그러다가도

　'아니다, 아니다.'

　머리를 흔들면서,

　'내가 그른가? 공부도 있는 놈만 해야 하나! 식구가 빌어먹게 집까지 팔면서 공부하게 한 죄가 뉘게 있니? 내게 있을까? 과연 내게 있을까? 아아, 세상은 그렇게 알 터이지. 흥! 공부를 하고도 먹을 수 없어서 더 궁항*에 들게 되니, 이것도 내 허물인가? 일을 하잖는다구? 일! 무슨 일? 농촌으로 돌아든대야 내게 밭이 있나? 도회로 나간대야 내게 자본이 있나? 교사 노릇이나 사무원 노릇을 한대야 좀 뾰로통한 말을 하면 단박 집어세이고*…… 그러면 나는 죽어야 옳은가? 왜 죽어? 시퍼렇게 산 놈이 왜 그저 죽어? 살구멍을 뚫다가 죽어도 죽지, 왜 거저 죽어? 세상에 먹을 것이 없나? 입을 것이 없나? 입을 것, 먹을 것이 수두룩하지! 몇 놈이 혼자 가졌으니 그렇지! 있는 놈은 너무 있어서 걱정하는데 한편에서는 없어서 죽으니 이놈의 세상을 그저 두나?'

＊ 궁항(窮巷)　좁고 으슥한 뒷골목. 여기서는 궁한 처지를 비유적으로 이르는 말.
＊ 집어세이다　말과 행동으로 매우 닦달하다.

경수는 이렇게 돋쳐 생각할 때면 전신의 피가 막 끓어올라서 소리를 지르고 뛰어나가면서 지구 등허리까지라도 부숴 놓고 싶었다. 그러나 미약한 자기의 힘을 돌아보고 자기 한 몸이 없어진 뒤의 식구(자기에게 목숨을 의탁한)의 정상이 눈앞에 선히 보이는 듯할 때면 '더 참자!' 하는, 의지가 끓는 감정을 눌렀다.

그는 어디서든지 처지가 절박한 사람을 보면 가슴이 찌르르하면서도, 그 무리를 짓밟는 흉악한 그림자가 눈앞에 뵈는 듯해서 퍽 불쾌하였다.

'아아, 내가 왜 주저를 하나? 모두 다 집어치워라. 어머니, 처, 자식 —— 그 조그마한 데 끌릴 것 없다. 내 식구만 불쌍하냐? 세상에는 내 식구들보담도 백 배나 주리는 사람이 있다. 이것 저것 다 돌볼 것 없이 모든 인류가 다 같이 살아갈 운동에 몸을 바치자!'

그는 속으로 이렇게 결심도 하고 분개도 하였으나, 아직 그렇게 나서기에는 용기가 부족하였다. 아니, 용기가 부족이라는 것보단 식구에 대한 애착이 너무 컸다.

지금도 어수선한 광경에 자극을 받은 경수는 무릎을 끌어안은 두 손 엄지가락을 맞이어 배배 돌리면서 소리 없는 아내의 꼴을 골똘히 보고 있다. 철없는 학실이는 그저 몸에 와서 지근지근한다. 아까는 귀엽던 학실이도 이제는 귀찮았다.

그는 학실이를 보고,

"내가 자겠다. 할머니 있는 데로 가거라."

하면서 부엌에서 불을 때는 어머니를 가리켰다. 그리고 그는 그냥 드러누웠다. 그는 이 생각 저 생각 끝에, 모두 죽어라! 하고 온 식구를 저주했다. 모두 다 죽어 주었으면 큰 짐이나 벗어 놓은 듯이 시원할 것 같다.

'아니다. 그네도 사람이다. 산 사람이다. 내가 내 삶을 아낀다 하면 그네도 그네의 삶을 아낄 것이다. 왜 죽으라고 해! 그네들을 이 땅에 묻어? 내가 데리고 이 북만주에 와서 그네들은 여기다 묻어 놓고 내 혼자 잘 살아가? 아아, 만일 그렇다 해 보자! 무덤을 등지고 나가는 내 자국자국에 붉은 피가! 저주의 피가 콜짝콜짝 괴일 테니 낸들 무엇이 바로 되랴? 응! 내가 왜 죽으려고 했을까? 살자! 뼈가 부서져도 같이 살자! 죽으면 같이 죽고!'

그는 무서운 꿈이나 본 듯이 눈을 번쩍 떴다가 다시 감으면서 돌아누웠다.

3

경수는 돌아누운 대로 꼼짝하지 않고 또 깊은 생각에 잠겼다.

"여보!"

잠잠하던 아내는 경수를 부른다. 그 소리는 가까스로 입 밖에 흘러나오는 듯이 미미하다.

"또 어째 그러오?"

경수는 낯을 찡그리고 획 일어나면서 역증나게 대답했다. 그러나 그것은 아내의 부르는 것이 역증나거나 귀찮아서 그런 것이 아니었다. 가슴에 알지 못할 불쾌한 감정이 울근불근할 제 제 분에 못 겨워서 그렇게 대답한 것이다.

그 아내는 벌떡 일어나는 경수를 보더니 아무 소리없이 눈을 스르르 감는다. 감은 그 두 눈으로부터 굵은 눈물이 뚤뚤 흘러 해쓱한 뺨을 스치고 거적자리에 떨어진다. 그것을 볼 때 경수의 가슴은 몹시 쓰렸다. 일없이 퉁명스럽게 대답한 것이 후회스러웠다. 자기를 따라 수천 리 타국에 와서 주리고 헐벗다가 병나 드러누운 아내에게 의약을 못 써 주는 자기가 말로라도 왜 다정히 못 해 주었을까? 하는 생각이 치밀 때, 그는 죄송스럽고 애절하고 통탄스러웠다. 이 때 그 아내가 일어나서 도끼로 경수의 목을 자른다고 하더라도 그는 순종하였을 것이다. 그는 아내를 얼싸안고 자기의 잘못을 백 번 사례하고 싶었다.

"여보! 어디 몹시 아프우?"

경수는 다정스럽게 물으면서 곁으로 갔다.

"야, 이거 또 풍*이 이는 게다."

불을 때고 올라와서 학실이를 재우던 어머니는 며느리의 낯을 보더니 겁난 목소리로 부르짖는다.

이를 꼭 악문 병인의 이마에는 진땀이 좁쌀같이 빠직빠직 돋았다. 사들사들한 두 입술은 시우쇠*빛같이 파아랗다. 콧등에도 땀방울이 뽀직뽀직 흐른다. 그의 호흡은 몹시 급하다. 여러 날 경험에 병세를 짐작하는 경수의 모자는 포대기를 들고 병인의 팔과 다리를 보았다. 열 발가락, 열 손가락은 꼭꼭 곱아들었고 팔다리의 관절관절은 말끔 줄어붙어서 작디작은 나무통에다가 집어 넣은 사람같이 되었다.

어머니와 경수는 이전처럼 그 팔다리를 주물러 펴려고 애썼으나 점점 줄어붙어서 핏덩어리같이 굳어만 지고 병인은 더욱 괴로워한다.

"여보, 속은 어떠오?"

경수는 물 퍼붓듯 하는 아내의 이마의 땀을 씻으면서 물었다. 아내는 무슨 말을 하려고 입술을 너분적거리나* 혀가 굳어서 하지 못하고 눈만 번쩍 떠서 경수를 보더니 다시 감는다. 그 두 눈에는 핏발이 새빨갛게 섰다. 경수는 가슴이 찌르르하고 머리가 띵할 뿐이었다.

"야, 학실 어멈아! 너 이게 오늘은 웬일이냐? 말도 못하니? 에구! 워쩐 땀을 저리도 흘리니?"

어머니는 부들부들 떨면서 병인의 팔다리를 주무른다. 병인은 호흡

---

* 풍(風) 풍사로 생긴 풍증. 구안괘사, 전신마비, 언어 곤란 따위의 증상을 말함.
* 시우쇠 무쇠를 불려서 만든 쇠붙이의 한 가지.
* 너분적거리다 매우 가볍고 큰 동작으로 사이가 조금 뜨게 자꾸 움직이다.

이 점점 높아 가고 전신에서 흐르는 땀은 의복 거죽까지 내배어서 포대기를 들썩거릴 때마다 김이 물씬 물씬 오른다.

"에구, 네가 죽는구나! 에구, 어찌겠는거! 너를 뜨뜻한 죽 한 술 못 먹이고 죽이는구나! 하, 야, 학실 아비야! 가 봐라. 응? 또 가 봐라, 가서 사정해라! 의원도 목석이 아니면 이번에야 오겠지! 좀 가 봐라. 침이라두 마제 보고 죽여야 원통찮지!"

경수는 벌떡 일어섰다. 무슨 결심이나 한듯이 그의 눈에는 엄연한* 빛이 돈다.

4

네 번이나 사절하고 응치 않던 최 의사는 어찌 생각하였는지 오늘은 경수를 따라왔다. 맥을 짚어 본 의사는 병을 고칠 테니 의채 오십 원을 주겠다는 계약을 써라 한다.

경수 모자는 한참 묵묵하였다. 병인의 고통은 점점 심해 간다.

경수는 몸이 부르르 떨렸다. 최 의사를 단박 때려서 죽여 버리고 싶었다. 그러나 일각이 시급한 아내를 살려야 하겠다 생각하면 그의 머리는 숙여지지 않을 수 없었다. 그러나 이를 어찌하랴? 그러리라 하면 오십 원을 내놓아야 하겠으니, 오십 원은커녕 오 전이나 있나? 못 하겠소 하면 아내는 죽는다!

'아아, 그래 나의 아내는 죽이는가?'

생각할 때 그의 오장은 칼에 푹푹 찢기는 듯하였다.

"시방 돈이 없더래도 일없소! 연기를 했다가 일후에 주어도 좋지! 계

---

* 엄연(儼然)한 겉모양이 장엄하고 엄숙한 모양.

약서만 써 놓으면……."

의사는 벌써 눈치를 채었다는 수작이다. 경수는 벼루를 집어다가 계약서를 써 주었다. 그 계약서는 이렇게 썼다.

—— 의채 일금 오십 원을 한 달 안으로 보급하되, 만일 위약하는 때면 경수가 최 의사 집에 가서 머슴 일 년 동안 살 일. 의사는 경수 아내의 팔다리를 동침으로 쏙쏙 찌르고 나서 약화제* 한 장을 써 주면서,

"이것을 가지고 박 주사 약국에 가 보오. 내 약국에는 인삼이 없어서 못 짓겠으니."

＊ 약화제(藥和劑) 약방문. 약을 짓기 위해 약 이름과 약의 분량을 적은 종이.

하고는 돌아다도 보지 않고 가 버렸다. 병인의 사지는 점점 풀리면서
호흡이 순하여진다. 경수는 차마 발길이 떨어지지 않았다. 그 약국 문
앞에 이르러서 퍽 주저거리다가 할 수 없이 방에 들어섰다. 약 냄새는
코를 쿡 찌른다. 그는 주저거리다가 겨우 입을 열었다.

　"약을 좀 지어 주시오."

　약국 주인은 아무 말 없이 화제*를 집어서 보다가 수판을 지각자각
놓더니,

　"돈 가지고 왔소?"

하면서 경수를 본다. 경수의 낮은 화끈하였다.

　"돈은 낼 드릴 테니 좀 지어 주시오."

　경수의 목소리는 간수 앞에서 면회를 청하는 죄수의 소리 같다. 약국
주인은 아무 말도 없이 이마를 찡그리면서 저편 방으로 들어간다. 경수
는 모든 설움이 복받쳐서 눈물에 앞이 캄캄하였다. 일종의 분노도 없지
않았다. 세상은 너무도 자기를 학대하는 것 같았다. 그것이 새삼스럽게
슬프고 쓰리고 원통하였다. 방 안에 걸어 놓은 약봉지까지 자기를 비웃
고 가라고 쫓는 것 같았다.

　그는 소리 없는 눈물을 주먹으로 씻으면서 약국 문을 나섰다. 약국을
나선 경수는 감옥에서나 벗어난 듯이 시원하지만, 빈 손으로 집에 들어
갈 일을 생각하면 또 부끄럽고 구슬펐다.

5

　경수는 집으로 돌아왔다. 집 안은 황혼빛에 어둑하여 모두 희미하게

✳ 화제(和劑)　'약화제'의 준말.

보인다. 그는 아내의 곁에가 앉았다.

"좀 어떻소? 어머니는 어디로 갔소?"

"어머님은 그집(당신)에서 나간 담에 이에 나가서 시방 안 들어왔소. 약으 져 왔소?"

아내의 소리는 퍽 부드러웠다. 경수는 무어라 대답하면 좋을지 몰랐다. 어서 괴로운 병을 벗어나서, 한 찰나라도 건실한 생을 얻으려는 그 아내에게, 그가 먹어야만 될 약을 못 지어 왔소, 하기는 남편 되는 자기의 입으로 차마 말할 수 없었다.

"지금 지어요. 나는 당신이 더치 않은가 해서 또 왔소. 이제 또 가지러 가겠소."

경수는 아무쪼록 아내의 마음을 위로하려고 이렇게 말하였다. 그러나 그것이 경수에게는 더욱 고통이 되었다. 내가 왜 진실히 말 안 했누? 생각할 때, 그 순박한 아내를 속인 것이 무어라 할 수 없이 가슴이 아팠다. 아내는 그 약을 기다릴 것이다. 그 약에 의하여 괴로운 순간을 벗으려고 애써 기다릴 것이다. 이렇게 생각하면서도 그것이 거짓말이라고 고백할 수도 없었다.

"돈 없다고 약국쟁이가 무엇이라고 안 합데?"

"흥!"

경수는 그 소리에 가슴이 꽉 막혔다. 그 무슨 의미로 흥! 했는지 자기도 몰랐다. 그는 아무 소리 없이 손가락만 비비고 앉았다. 어머니가 얼른 오시잖는 것이 퍽 조마조마하였다. 그는 불만 멍하니 쳐다보았다. 빤한 기름불은 실룩실룩하여 무슨 괴화같이 보이더니, 인제는 윤곽만 희미하여 무리를 하는 햇빛 같다. 모든 빛은 흐리멍텅하다. 자기 몸은 꺼먼 구름에 싸여서 밑없고 끝없는 나라로 흥덩거려* 들어가는 것 같다.

---

* 흥덩거리다 넘쳐 흐르다.

꺼지고 거무레한 그의 눈 가장자리가 실룩실룩하더니 누른빛을 띤 흰자위에 꾹 박힌 두 검은자위가 점점 한 곳으로 모여서 모들떴다. 그의 낯빛은 점점 검푸르러 가며 두 뺨과 입술은 경련적으로 떨린다.

그는 모들뜬 눈을 점점 똑바로 떠서 부뚜막을 노려보고 있다. 그의 눈에는 새로 보이는 괴물이 있다. 그 괴물들은 탐욕의 붉은 빛이 어리어리한 눈을 날카롭게 번쩍거리면서 철관으로 경수 아내의 심장을 꾹 찔러 놓고는 검붉은 피를 쭉쭉 빨아먹는다. 병인은 낯이 새까맣게 질려서 버둥거리며 신음한다. 그렇게 괴로워할 때마다 두 남녀는 피에 물든 새빨간 혀를 내두르면서 "하하하" 웃고 손뼉을 친다.

경수는 주먹을 부르쥐면서 소름을 쳤다. 그는 뼈가 쩌릿쩌릿하고 염통이 쏙쏙 찔렸다. 그는 자기 옆에도 무엇이 있는 것을 보았다. 눈깔이 벌건 자들이 검붉은 손으로 자기의 팔다리를 꼭 잡고 철관으로 자기의 염통 피를 빨면서 홍소*를 친다. 수염이 많이 나고 낯이 시뻘건 자는 학실이를 집어서 바작바작 깨물어 먹는다. 경수는 악 소리를 치면서 벌떡 일어섰다. 그것은 한 환상이었다. 그는 무서운 사실을 금방 겪은 듯이 눈을 비비면서 다시 방 안을 돌아보았다. 불빛이 어스름한 방 안은 여전하다.

그의 어머니는 그저 오지 않았다. 오늘은 어머니가 어떻게 기다려지는지 마음이 퍽 졸였다. 너무도 괴로워서 뉘 집 우물에 가서 빠져 죽은 것 같기도 하고, 어느 나뭇가지에 가서 목이라도 맨 것 같이도 생각났다.

그럴 때면 기구한 어머니의 시체가 눈에 보이는 듯하였다. 그는 뒷간에도 가 보고, 슬그머니 앞집 우물에도 가 보았다. 그 어머니는 없었다. 그럴 리가 없겠지? 하고 자기의 무서운 상상을 부인할 때마다 그러한 생각을 하는 자기가 고약스럽고 악착스러웠다.

이렇게 마음을 졸이는 경수는 잠든 아내의 곁에 앉았다. 학실이도 그

---

* 홍소(哄笑) 입을 크게 벌리고 떠들썩하게 웃음.

저 깨지 않고 잘 잔다. 뼈저리게 차던 구들이 뜨뜻하니 수마가 모든 사람을 침범한 것이다. 경수도 몸이 노곤하면서 졸음이 왔다.

"경수 있나?"

밖에서 부르는 소리에 경수는 깜짝 놀라 일어섰다. 이 때 그의 심령은 그에게 무슨 불길함을 가르치는 듯하였다.

경수는 문 밖에 나섰다.

쌀쌀한 어둠 속에서 사람들이 수수거린다*. 그는 공연히 가슴이 덜컥 하고 두근두근하였다. 그는 앞뒤를 얼결에 돌아보았다. 누군지 히슥한* 것을 등에 업고 경수의 앞에 나타났다.

"아이구, 어마니!"

그 사람의 등에 업힌 것을 들여다보던 경수는 이렇게 소리를 지르면서 축 늘어져서 정신 없는 어머니에게 매어달렸다.

6

경수는 어머니를 방에 들여다 뉘었다. 다리와 팔에서는 검붉은 피가 그저 줄줄 흘러서 걸레 같은 치마저고리에 피 흔직이 임리하다*. 낯에 고기도 척척 떨어졌다*. 그는 정신 없이 척 늘어졌다. 사지는 냉랭하고 가슴만 팔딱팔딱한다.

경수는 갑갑하여 울음도 나지 않고 말도 나오지 않았다.

"이게 어쩐 일이오?"

---

* 수수거리다 시끄럽고 떠들썩하여 정신이 어지럽다.
* 히슥하다 색깔이 조금 허옇다(북한말).
* 임리하다 흠뻑 젖어 흘러 떨어지거나 홍건하다.
* 낯에 고기도 척척 떨어졌다 얼굴의 살점이 찢겨 떨어져 나간 것을 말한다.

죽 모여 선 사람 가운데서 누가 묻는다. 입을 쩍쩍 다시고 앉았던 김 참봉은 말을 내었다.

"하, 내가 지금 최 도감하고 물남에 갔다 오는데 요 물 건네 되놈의 집 있는 데로 가까이 오니 그놈의 집 개가 어떻게 짖는지 워낙 그놈의 개가 사나운 개니까 미리 알아채리느라구 돌째기(돌멩이)를 찾느라고 엎데서 낑낑하는데 '사람 살리오.' 하는 소리가 개 소리 가운데 모기 소리만치 들린단 말이야! 그래 최 도감하고 둘이 달려가 보니까 웬 사람을 그놈의 개가 물어뜯겠지! 그래 소리를 쳐서 주인을 부른다, 개를 쫓는다 하구 보니, 아 이 늙은이겠지."

하며 김 참봉은 경수 어머니를 가리킨다.

"에구, 그놈의 개가 상년*에도 사람을 물어 죽였지."

누가 말한다.

"그래 임자는 가만히 있나?"

또 누가 묻는다.

"그 되눔딜! 개를 클아베(할아버지)보담 더 모시는데! 사람을 문다구 누군지 그 개를 때렸다가 혼이 났는데두!"

"이놈의 땅에 사는 우리만 불쌍하지!"

이 사람 저 사람의 소리에 말을 끊었던 김 참봉이 또 입을 열었다.

"그래 몸을 잡아 일으키니 벌써 정신을 잃었겠지요! 그런데도 무시 긴지 저거는 옆구리에 꼭 껴안고 있어."

하면서 방바닥에 놓은 조그마한 보퉁이를 가리킨다.

"그게 무시기오?"

하면서 누가 그것을 풀었다. 거기서는 한 되도 못 되는 누우런 좁쌀이 우시시* 나타났다. 경수 어머니는 앓는 며느리를 먹이려고 자기 머리에

---

* 상년(上年) 지난 해.
* 우시시 물건의 부스러기 따위가 어지럽게 흩어져 있는 모양.

다리를 풀어 가지고 물남에 쌀 팔러 갔었던 것이다.

자던 학실이는 언제 깨었는지, 터벅터벅 기어와서 할머니를 쥐어 흔든다.

"할머니 일어나라, 이차! 이차!"

학실이는 항상 하는 것같이 잠든 할머니를 깨우는 모양으로 할머니의 머리를 들어 일으키려고 한다. 경수의 아내는 흑흑 운다. 너무도 무서운 광경에 놀랐는지 그는 또 풍증이 일어났다. 철없는 학실이는 할머니가 일어나지 않고 대답도 없으니 어미 있는 데 가서 젖을 달라고 가슴에 매어달린다. 괴로워하는 그 어미의 호흡은 점점 커졌다.

모였던 사람은 하나 둘씩 흩어진다. 누가 뜨뜻한 물 한 술 갖다 주는 이가 없다. 경수는 머리가 띵하였다. 그는 사지가 경련되는 것을 느꼈다. 그의 가슴에서는 납덩어리가 쑤심질하는 듯도 하고, 캐한 연기가 팽팽 도는 듯도 하고, 오장을 바늘로 쏙쏙 찌르는 듯도 해서 무어라 형언할 수 없었다. 갑자기 하늘은 시꺼멓게 흐리고 땅은 쿵쿵 꺼져 들어간다. 어둑한 구석구석에서는 몸서리치도록 무서운 악마들이 뛰어나와서 세상을 깡그리 태워 버리려는 듯이 뻘건 불길을 활활 내뿜는다. 그 불은 집을 불사르고 어머니를, 아내를, 학실이를, 자기까지 태워 버리려고 확확 몰려온다.

뻘건 불 속에서는 시퍼런 칼 든 악마들이 불끈불끈 나타나서 온 식구를 쿡쿡 찌른다. 피를 흘리면서 혀를 가로 물고 쓰러져 가는 식구들의 괴로운 신음 소리는 차마 들을 수 없이 뼈까지 저리다. 그 괴로워하는 삶을 어서 면케 하고 싶었다. 이러한 환상이 그의 눈앞에 활동 사진같이 나타날 때,

"아아, 부숴라. 모다 부숴라!"

소리를 지르면서 그는 벌떡 일어섰다. 그의 손에는 식칼이 쥐였다. 그는 으악 소리를 치면서 칼을 들어서 내리찍었다. 아내, 학실이, 어머

니 할 것 없이 내리찍었다. 칼에 찍힌 세 생령은 부르르 떨며, 방 안에
는 피비린내가 탁 터졌다.

　"모두 죽여라! 이놈의 세상을 부수자! 복마전* 같은 이놈의 세상을
　부수자! 모다 죽여라!"

　밖으로 뛰어나오면서 외치는 그 소리는 침침한 어둠 속에 쌀쌀한 바
람과 같이 처량히 울렸다. 그는 쓸쓸한 거리에 나섰다. 좌우에 고요히
늘어서 있는 몇 개의 상점은 빈지*를 반은 닫고 반은 열어 놓았다.

　경수의 눈앞에는 아무 거리낄 것, 아무 주저할 것이 없었다. 그는 허
둥지둥 올라가면서 다 닥치는 대로 부순다. 상점이 보이면 상점을 짓

* **복마전(伏魔殿)** 마귀가 숨어 있는 집이나 굴. 비밀리에 나쁜 일을 꾸미는 무리들이 모이는
곳을 비유하여 이르는 말.
* **빈지** 널빤지로 만든 빈지문.
* **짓모으다** 짓이기다시피 잘게 부스러뜨리다.

모으고* 사람이 보이면 사람을 찔렀다.

"홍으적(도적놈)이야!"

"저 미친놈 봐라!"

고요하던 거리에는 사람의 소리가 요란하다.

"내가 미쳐? 내가 도적놈이야? 이 악마 같은 놈들 다 죽인다!"

경수는 어느 새 웃장거리 중국 경찰서 앞까지 이르렀다. 그는 경찰서 앞에서 파수 보는 순사를 콱 찔러 누이고 안으로 뛰어들어갔다. 창문을 부순다. 보이는 사람대로 찌른다.

"꽝 꽝 꽝꽝."

경찰서 안에서는 총소리가 연방 났다. 벽력같이 울리는 총소리는 쌀 쌀한 바람과 함께 쓸쓸한 거리에 처량히 울렸다.

모든 누리는 공포의 침묵에 잠겼다.

박돌의 죽음

1

밤은 자정이 훨씬 넘었다.

이웃의 닭소리는 검푸른 새벽빛 속에 맑게 흐른다. 높고 푸른 하늘에 야광주*를 뿌려 놓은 듯이 반짝이는 별들은 고요한 대지를 향하여 무슨 묵시를 주고 있다. 나뭇잎에서는 이슬 듣는 소리가 고요하다. 여름밤이 언만 새벽녘이 되니 부드럽고도 쌀쌀한 기운이 추근하게* 만상을 소리 없이 싸고 돈다.

남자인지 여자인지, 어둠 속에 잘 분간할 수 없는 히슥한 그림자가 동계사무소 앞 좁은 골목으로 허둥허둥 뛰어나온다.

고요한 새벽 이슬기에 추근한 땅을 울리면서 나오는 발자취는 퍽 산란하다. 쿵쿵 하는 음향은 여러 집 울타리를 넘고 지붕을 건너서 어둠 속으로 어둠 속으로 규칙 없이 퍼져 나간다.

어느 집 개가 몹시 짖는다. 또 다른 집 개도 컹컹 짖는다. 캥캥한 발

---

* 야광주(夜光珠) 중국 고대에, 어두운 밤에도 빛을 낸다고 전해지는 귀중한 보석.
* 추근하다 매우 축축하다.

바리 소리도 난다.

뛰어나오는 그림자는 정직상점 골목 안으로 휙 돌아서 내려간다. 쿵쿵쿵······.

서너 집 내려와서 어둠 속에서 잿빛같이 보이는 커다란 대문 앞에 딱 섰다. 헐떡이는 숨소리는 고요한 공기를 미미히 울린다. 그 그림자는 대문에 탁 실린다. 빗장과 대문이 맞찔겨서* 삐걱 하고는 열리지 않았다.

"문으 좀 열어 주오."

무엇에 쫓긴 듯이 황겁한* 소리는 대문 안 마당의 어둠을 뚫고 저편, 푸른 하늘 아래 용마루 선이 죽 그인 기와집에 부딪쳤다.

"문으 좀 열어 주오."

이번에는 대문을 두드리고 밀면서 고함을 친다. 소리는 퍽 황겁하나 가늘고 쟁쟁한* 것이 여자다 하는 것을 직각케 한다.

"에구, 어찌겠는구? 이 잽에서 자음메? 문으 빨리 벗겨 주오!"

절망한 듯이 애처로운 소리를 치면서 문을 쿵쿵 치다가는 삐걱삐걱 밀기도 하고, 땅에다가 배를 붙이고 대문 밑으로 기어 들어가려고도 애를 쓴다. 대문 울리는 소리는 주위의 공기를 흔들었다.

이웃집 개들은 그저 몹시 짖는다.

닭은 홰를 치고 꼬끼요 한다.

"그게 뉘기요?"

안에서 선잠 깬 여편네 소리가 들린다.

"에구, 깼구만!"

엎드려서 배밀이하던 여인은 벌떡 일어나면서,

---

* **맞찔겨서** 서로 맞찔려서.
* **황겁(惶怯)하다** 두렵고 겁이 나다.
* **쟁쟁한** 목소리가 야무지고 맑은.

"내요, 문우 좀 벗겨 주오."

한다. 그 소리는 아까보단 좀 나직하다.

"내라는 게 뉘기요? 어째 왔소?"

안에서는 문을 벌컥 열었다. 열린 문이 벽에 부딪치는 소리가 탁 하고 울타리에 반향하였다.

"초시(한문을 좀 아는 유식한 양반) 있소? 급한 병이 있어 그럼메!"

컴컴하던 집 안에 성냥불 빛이 가물가물하다가 힘없이 스러지는 것이 대문 틈으로 보였다. 다시 성냥불 빛이 번득하더니 당그랑 잘랑 하는 램프 유리의 부딪치는 소리와 같이 환한 불빛이 문으로 흘러나와 검은 땅을 스쳐 대문에 비치었다. "에헴" 하는 사내의 기침 소리가 들렸다. 칙칙거리는 어린애 울음소리가 난다. 불빛이 번뜩하면서 문에서 여인이 선잠 깬 하품 소리를 "으앙" 하며 맨발로 저벅저벅 나와서 대문 빗장을 뽑았다.

"뉘기요?"

들어오는 사람을 기웃이 본다.

"내요."

밖에 섰던 여인은 대문 안으로 들어섰다.

"나는 또 뉘기라구? 어째서 남 자는 밤에 이 야단이오?"

안에서 나온 여인은 입을 씰룩하였다.

"에구, 박돌이 앓아서 그럼메! 초시 있소?"

밖에서 들어온 여인은 떨리는 목소리로 아첨 비슷하게, 불빛에 오른쪽 볼이 붉은 주인 여편네를 건너다본다.

"있기는 있소."

주인 여편네는 휙 돌아서서 안으로 돌아가더니,

"저두에 파충댁이로구마! 의원이고 약국이고 걷어치우오! 잠도 못 자게 하구!"

소리를 지른다. 캥캥한 소리는 몹시도 쌀쌀하였다. 지금 온 여인은 툇마루 아래에 서서 머리를 숙였다 들면서 한숨을 휴 쉬었다.

정주간에서 한참 동안이나 부스럭부스럭 하는 소리가 나더니, 사잇문 소리가 덜컥 하면서 툇마루 놓인 방문 창에 불빛이 가득 찼다.

"에헴, 들오!"

다 쉬어빠진 호박통을 두드리는 듯한 사내의 소리가 들린다. 밖에 섰던 여인은 툇마루에 올라섰다. 문을 열었다. 방에서 흘러나오는 불빛은 마루에 떨어졌다. 약 냄새가 코를 쿡 찌른다.

2

"하, 그거 안됐군. 그러나 나는 갈 수 없는데……."

몸집이 뚱뚱하고 얼굴에 기름이 번질번질한 의사(김 초시)는 창문 정면에 놓인 약장에 기대 앉았다.

"에구 초시사, 그래 쓰겠소? 어서 가 봐 주오."

문 앞에 황공스럽게 쭈그리고 앉은 여인의 사들사들*한 낯에는 어색한 웃음이 떠올랐다.

"글쎄 웬만하문사 그럴 리 있겠소마는, 어제부터 아파서 출입이라군 못하고 있소. 에헴, 에헴, 악."

의사는 입에 물었던 담뱃대를 뽑아들더니 안 나오는 기침을 억지로 끄집어내어 가래를 타구에 뱉는다.

"그게(박돌) 애비 없이 불쌍히 자란 게 죽어서 쓰겠소? 그저 초시께목숨이 달렸으니 살려 주오!"

---

* 사들사들 약간 시드는 모양 또는 시든 모양.

의사는 땟국이 꾀죄한 여인을 힐끗 보더니,

"별말을 다 하오. 내 염라 대왕이니 목숨을 쥐고 있겠소? 글쎄 하늘이 무너진대도 못 가겠소."

하며 담배 연기를 휙 내뿜고 이마를 쟁기면서 천장을 쳐다본다. 흰 연기는 구름발같이 휘휘 돌아서 까맣게 그은 약봉지를 대롱대롱 달아 놓은 천장으로 기어올라서는 다시 죽 퍼져서 방 안에 찼다. 오줌 냄새, 약 냄새에 여지없는 방 안의 공기는 캐한 연기와 어울려서 코가 저리도록 불쾌하였다.

"제발 살려 줍시오, 네? 그 은혜는 뼈를 갈아서라도 갚아 드리오리! 어서 가 봐 주오."

"글쎄 못 가겠는 거 어찌겠소? 이제 바람을 쏘이고 걷고 나면 죽게 앓겠으니, 남을 살리자다가 제 죽겠소."

"가기는 어디를 간단 말이오? 어제해르, 그래, 또 밤새끔 앓구서리."

의사의 말 뒤를 이어 정주간에서 주인 여편네가 캥캥거린다.

여인은 머리를 푹 숙이고 앉았더니,

"그러문 약이라도 메 첩 지어 주오."

한다.

"약종*이 부족해서 약을 못 짓는데."

의사는 몸을 비틀면서 유들유들한 목을 천천히 돌려서 약장을 슬그머니 돌아본다.

"약값 염려는 조금도 말고 좀 지어 주오."

"아, 글쎄 약종이 없는 것을 어떻게 짓는단 말이오? 자, 이거 보오!"

하더니 빈 약 서랍 하나를 뽑아서 방바닥에 덜컥 놓는다.

"집에 돼지새끼 하나 있으니 그거 모레 장에 팔아드릴게 좀 지어 주

---

* 약종(藥種) 약재. 약을 짓는 재료.

오.”

“하, 이 앞집 김 주사도 어제 약 지러 왔다가 못 지어 갔소.”

의사는 어이없다는 듯이 입을 벌린다.

“그래 못 지어 주겠소?”

푹 꺼진 여인의 눈은 이상스럽게 의사의 낯을 쏘았다. 의사는,

“글쎄 어떻게 짓겠소?”

하면서 여인이 보내는 시선을 피하려는 듯이 미닫이 두꺼비집에 붙인 산수화를 본다.

“에구, 내 박돌이가 죽는구나! 한심한 세상도 있는게?”

여인의 소리는 애참하게* 울음에 젖었다. 때가 지덕지덕*한 뺨을 스

＊애참(哀慘)하다 슬프고 참혹하다.
＊지덕지덕 먼지나 때 같은 것이 여기저기 묻어 더러운 모양.

처 흐르는 눈물은 누더기 같은 치마에 떨어졌다.

"에, 곤하군. 아아함! 어서 가 보오."

의사는 하품과 기지개를 켜면서 일어섰다. 여인은 눈물을 쓱쓱 씻더니 벌떡 일어섰다.

"너무 한심하구만! 돈이 없다고 너무 업시비 보지 마오. 죽는 사람을 살려 주문 어떠오? 혼자 잘 사오."

여인의 눈에는 이상한 불빛이 섬뜩하였다. 그 목소리는 싹 에는* 듯이 아츠럽게* 들렸다. 의사는 가슴이 뜨끔하였다.

3

여인은 갔다.

한 집 건너 두 집 건너 닭 우는 소리가 요란하다. 이웃에서 개 짖는 소리도 들렸다.

포플러 잎에서는 이슬 듣는 소리가 은은하다.

"별게 다 와서 성화를 시키네!"

여인이 간 뒤에 의사는 대문을 채우고 안으로 들어오면서 중얼거렸다.

"그까짓 거렁뱅들에게 약을 주구 언제 돈을 받겠소? 아예 주지 마오."

주인 여편네는 뾰로통해서 양양거린다.

"흥, 그리게 뉘기 주나?"

의사는 방문을 닫으면서 승리나 한 듯이 콧소리를 친다.

---

* 에다 칼로 도려내다.
* 아츠럽다 소리가 신경을 몹시 자극하여 듣기 싫고 날카롭다.

"약만 주어 보오? 그놈의 약장, 도끼로 바사 놓게."

의사의 내외는 다시 불을 끄고 자리에 누웠으나 두루 뒤숭숭하여 잠이 오지 않았다.

4

"에구, 제마(어머니)! 에구, 배여!"

박돌이는 이를 갈고 두 손으로 배를 웅크려 잡으면서 몸을 비비 틀기도 하고 벌떡 일어나 앉았다가는 다시 눕고 누웠다가는 엎드리고 하여 몸 지접*할 곳을 모른다.

"에구, 내 죽겠소! 왝, 왝."

시큼하고 넌들넌들*한 검푸른 액을 코와 입으로 토한다. 토할 때마다 그는 소름을 치고 가슴을 뜯는다. 뱃속에서는 꾸르르꿀 꾸르르꿀 하는 물소리가 쉬일 새 없다. 물소리가 몹시 나다가 좀 멎는다 할 때면 쏴 뿌드득 뿌드득 쏴 하고 설사를 한다. 마대 조각으로 되는 대로 기워서 입은 누덕바지는 벌써 똥물에 죽이 되었다.

"에구, 어쩌겠니? 의원 놈도 안 봐 주니……. 글쎄 이게 무슨 갑작병인구?"

어머니는 토하는 박돌의 이마를 잡고 등을 친다.

"에구, 이거 어쩌겠는구? 배 아프냐?"

어머니는 핏발이 울울한* 박돌의 눈을 들여다보았다. 눈이 휘둥그레서 급한 호흡을 치는 박돌이는 턱 드러누우면서 머리만 끄덕인다. 어머

＊ 지접(止接) 한때 머물러 사는 것.
＊ 넌들넌들 여러 가닥으로 끈기있게 늘어져 있는.
＊ 울울(鬱鬱)하다 초목 따위가 매우 무성하다.

니는 박돌의 배를 이리저리 누르면서,

"여기냐? 어디 여기는 아니 아프냐? 응, 여기도 아프냐?"

두서없이 거듭거듭 묻는다.

"골은 아니 아프냐? 골도 아프지?"

그는 빤한* 기름불 속에 열이 끓어서 검붉게 보이는 박돌의 이마를 짚었다. 박돌이는 으흐 으흐 하면서 머리를 꼬드기려다가* 또 왝 하면서 모로 누웠다. 입과 코에서는 넌들넌들한 건물*이 울꺽 주르륵 흘렀다.

"에구, 제마! 에구, 내 죽겠소! 에구!"

박돌이는 또 쏟는다. 그의 바지를 벗겼다. 껄끔껄끔한 거적자리 위에 누운 그의 배는 등에 착 달라붙었다. 그는 가슴을 치고 쥐어뜯고, 목을 늘였다 쪼그리면서 신음한다.

"니 죽겠구나! 응, 박돌아, 박돌아, 정신을 차려라. 에구, 약 한 첩 못 써 보고 마는구나! 침이래도 맞혀 봤으면 좋겠구나!"

박돌이는 낯빛이 검푸르면서 도끼눈을 떴다. 목에서는 담 끓는 소리가 퍽 괴롭게 들렸다.

"에구, 뒷집 생원(서방님)은 어째 아니 오는지, 박돌아!"

박돌이는 눈을 떴다. 호흡은 급하고 높았다.

"제마! 줄*을 먹었으믄!"

"줄으? 에구, 줄이 어디 있니?"

어머니는 한숨을 쉬면서 등불을 쳐다본다. 그 눈에는 눈물이 괴었다.

"그러문 냉수를 좀 주오!"

"에구, 찬물을 자꾸 먹고 어찌겠니?"

"애고고고……."

---

* 빤하다 어두운 가운데 밝은 빛이 비치어 환하다.
* 꼬드기다 세우다. 뒤로 젖히다.
* 건물 걸쭉한 물.
* 줄 귤.

박돌이는 외마디 소리를 치더니 도끼눈을 뜨면서 이를 빡 간다.

뒷집에 있는 젊은 주인이 나왔다. 어둑충충한* 등불 속에서 무겁게 흐르는 께저분한* 공기는 새로 들어온 사람에게 몰려들었다. 젊은 주인은 부엌에 선 대로 구들을 올려다보면서 이마를 찡그렸다.

찢기고 뚫어지고 흙투성이 된 거적자리 위에서 신음하는 박돌이 모자의 그림자는 혼탁한 공기와 빤한 불빛 속에 유령같이 보였다.

"어째 의원은 아니 보임메?"

젊은 주인이 책망 비슷하게 내뿜었다.

"김 초시더러 봐 달라니 안 옵데. 돈 없는 사람이라고 봐 주겠소? 약도 아니 져 주던데!"

박돌 어미의 소리는 소박을 맞아가는 젊은 여자의 한탄같이 무엇을 저주하는 듯 떨렸다.

"뜸이나 떠 보지비?"

"그래 볼까? 어디를 어떻게 뜨믄 좋은지? 생원이 좀 떠 주겠소? 떠 주오. 쑥은 얻어올게."

"아, 그것도 뜰 줄 모름메? 숫구멍*에 쑥을 비벼 놓고 불을 달믄 되지 그런 것도 모르고 사오?"

"떠 봤을세 알지, 내 어떻게 알겠소!"

박돌 어미는 어색한 웃음을 지으면서 젊은 주인을 쳐다보았다.

"체하자 났소?"

"글쎄 어쨌는둥?"

박돌 어미는 박돌이를 본다.

"어젯밤에 무스거 먹었소?"

---

* 어둑충충한 맑거나 산뜻하지 아니하고 흐리고 어둑한 모양.
* 께저분하다 너절하고 지저분하다.
* 숫구멍 '숨구멍'의 평안도 방언.

"갱게(감자)를 삶아 먹구…… 그리고 너무도 먹고 싶어하기에 뒷집에서 버린 고등어 대가리를 삶아 먹고서는 먹은 게 없는데."

"응, 그게로군. 문* 고등어 대가리를 먹으믄 죽는대두! 그거는 무에라고 축축스럽게* 주워 먹소?"

젊은 주인은 입을 씰룩하였다.

"에구, 그게 그런가? 나는 몰랐지. 에구, 너무도 먹고 싶어서 먹었더니 그렇구마. 그래서 나도 골과 배가 아팠던 게로군! 그러나 나는 이내 게워 버렸더니 일없구만."

박돌 어미는 매를 든 노한 상전 앞에 선 어린 종같이 젊은 주인을 쳐다본다.

"우리 집에 쑥이 있으니 갖다 뜸이나 떠 주오. 에익, 축축하게 썩은 고기 대가리를 먹다니!"

젊은 주인은 뒤도 안 돌아보고 나가 버린다.

"에구, 한심한 세상도 있는게! 의원만 그런 줄 알았더니 모두 그렇구나!"

박돌 어미의 눈에는 또 눈물이 괴었다. 가슴은 빠지지하다. 어쩌면 좋을지 앞이 캄캄할 뿐이다. 온 세상의 불행은 혼자 안고 옴짝달싹할 수 없이 밑도 끝도 없는 어둑한 함정으로 점점 밀려 들어가는 듯하였다. 쫑그리고 무릎 위에 손을 꽂고 불을 빤히 쳐다보는 그의 눈은 유리를 박은 듯이 까딱하지 않는다. 때가 까만 코 아래 파랗게 질린 입술은 뜨거운 불기운을 받은 가지처럼 초들초들하다*. 그의 눈에는 등불이 큰 물 항아리같이 보였다가는 작은 술잔같이도 보이고, 두셋이나 되었다가는 햇발같이 아래위 좌우로 실룩실룩 퍼지기도 한다.

---

* 문 상한.
* 축축스럽게 더럽고 게걸스럽게.
* 초들초들하다 입술이나 목이 마르면서 타들어가다.

"응, 내 잊었구나! 쑥을 가져와야지."

박돌의 괴로운 고함 소리에 비로소 자기를 의식한 박돌 어미는 번쩍 일어섰다.

5

이웃집 닭은 세 홰나 운 지 이슥하다. 먼지와 그을음에 거뭇한 창문은 푸름하더니 환하여졌다. 벽에 걸어 놓은 등불빛은 있는가 없는가 하리만큼 희미하여지고, 새벽 빛이 어둑하던 방 안을 점점 점령한다.

박돌의 호흡은 점점 미미하여진다. 느른하던 수족은 점점 꿋꿋하며 차다. 피부를 들먹거리던 맥박은 식어 가는 열과 같이 점점 사라져 버렸다. 이제는 구토도 멎고 설사도 멎었다. 몹시 붉던 낯은 창백하여졌다.

"으응 끽!"

숫구멍에 놓은 뜸쑥이 타들어서 머리카락과 살 타는 소리가 뿌지직 뿌지직 할 때마다 꼼짝 않고 늘어졌던 박돌이는 힘없이 감았던 눈을 떠서 애원스럽게 어머니를 쳐다보면서 괴로운 신음 소리를 친다. 그 때마다 목에서 몹시 끓던 담 소리는 잠깐 그쳤다가 다시 그르렁그르렁한다.

박돌의 호흡은 각일각 미미하다. 따라서 목에서 뚝 하는 소리가 났다. 박돌이는 소리 없이 눈을 휙 힙떴다. 두 눈의 검은자위는 곤줄을 서고* 흰자위만 보였다. 그의 낯빛은 핼끔하고 푸르다.

"바바…… 박돌아, 야 박돌아! 에구, 박돌아!"

어머니는 박돌의 낯을 들여다보면서 싸늘한 박돌의 가슴을 흔들었다.

* 곤줄을 서다 거꾸로 서다.

"야 박돌아, 박돌아, 박돌아 이게 어쩐 일이냐, 으응? 흑흑, 꺽꺽."

박돌 어미는 울면서 박돌의 가슴에 쓰러졌다.

밖에서 가고 오는 사람의 발소리가 들린다. 개 짖는 소리, 닭 우는 소리, 새의 지절거리는 소리가 요란하다.

6

붉은 아침 볕은 뚫어지고 찢기고 그을은 창문에 따뜻이 비치었다.

서까래가 보이는 천장에는 까맣게 그을은 거미줄이 얼키설키 서리고 넌들넌들 달렸다. 떨어지고, 오리이고, 손가락 자리, 빈대 피로 장식된 벽에는 누더기가 힘없이 축 걸렸다. 앵앵 하는 파리 떼는 그 누더기에 몰려들어서 무엇을 부지런히 빨고 있다. 문으로 들어서서 바로 보이는 벽에는 노끈으로 얽어 달아매 놓은 시렁이 있다. 시렁 위에는 금간 사기 사발과 이 빠진 질 대접 몇 개가 놓였다. 거기도 파리 떼가 웅성거린다. 부엌에는 마른 쇠똥, 짚부스러기, 흙구덩이에서 주워 온 듯한 나뭇가지가 지저분하다.

뚜껑 없는 솥에는 국인지 죽인지 글어서* 누릿한 위에 파리 떼가 어찌 욱실거리는지 물 담아 놓은 파리통 같다.

먼지가 풀썩풀썩 이는 구들, 거적자리 위에는 박돌이가 고요히 누웠다. 쥐마당같이 때가 지덕지덕한 그 낯은 무쇠빛같이 검푸르다. 감은 두 눈은 푹 꺼졌다. 삐쭉하게 벌어진 입술 속에 꼭 다문 누런 이빨이 보인다. 그의 몸에는 누더기가 걸치었다. 곁에 앉은 그 어머니는 가슴을 치면서 큰소리 없이 꺽꺽 흑흑 느껴 울다가도 박돌의 낯에 뺨을 대고는

＊글다 '걸다'의 방언으로 액체가 묽지 않고 툭툭하다.

울고, 가슴에 손을 넣어 보곤 한다. 그러나 박돌이는 고요히 누워 있다.

"흑흑 바…… 바…… 박돌아 애고, 내 박돌아, 너는 죽었구나! 약 한 첩 침 한 대 못 맞아 보고 너는 죽었구나! 에구 하느님도 무정하지. 원통해서…… 꺽꺽 흑흑…… 글쎄 무슨 명이 그리도 짜르냐? 에구!"

그는 박돌의 가슴에 푹 엎드렸다. 박돌의 몸과 그의 머리에 모여 앉았던 파리 떼는 우와 하고 날아가다가 다시 모여 앉는다.

"애비 없이 온갖 설움을 다 맡아 가지고 자라다가 열두 살이나 먹구서…… 에구!"

머리를 들고 박돌의 푸른 낯을 들여다보며,

"박돌아, 야 박돌아!"

부르다가 다시 쓰러지면서,

"먹고 싶은 것도 못 먹고 입고 싶은 것도 못 입고 항상 배를 곯다가…… 좋은 세상 못 보고 죽다니! 휴! 제마 제마! 나도 학교를 갔으문 하는 것도 이놈의 입이 원쉬 돼서 못 보내고! 흑흑."

그는 벌떡 일어나 앉았다.

"에구, 하느님도 무정하지. 내 박돌이를, 내 외독자를 왜 벌써 잡아갔누? 나는 남에게 못할 짓 한 일도 없건마는."

그는 또 박돌이를 본다.

"박돌아! 에구, 줄을 먹었으면 하는 것도 못 먹였구나. 이렇게 될 줄 알았으면 돼지새끼 하나 있는 거라도 주고 먹고 싶다는 거나 갖다 줄걸. 공연히 부들부들 떨었구나! 애비 어미를 잘못 만나서 그렇게 됐구나!"

어제까지 눈앞에 서물거리던* 아들이 죽다니! 거짓말 같기도 하고 꿈속 같기도 하다. "제마" 부르면서 툭툭 털고 일어나는 듯하다. 그는

---

* 서물거리다 '눈부시다'의 함경도 방언.

기다리는 사람의 발자취를 들은 듯이 머리를 번쩍 들었다. 그러나 그 눈앞에는 아무도 없고 다만 액색*히 죽어 누운 박돌이가 보일 뿐이다.

"박돌아!"

그는 자는 애를 부르듯이 소리쳤다. 박돌이는 고요하다. 아아 참말이다. 죽었다. 저것을 흙 속에 넣어? 이렇게 다시 생각할 때 또 눈물이 쏟아지고 천지가 아득하였다. 자기가 발붙이고 잡았던 모든 희망의 줄은 툭 끊어졌다. 더 바랄 것 없다 하였다.

그는 박돌의 뺨에 뺨을 비비면서 박돌의 가슴을 안고 쓰러졌다. 그의 가슴에는 엉클엉클한* 납덩어리가 꾹꾹 쑤심질하는 듯하고 목구멍에서는 겻불내*가 팽팽 돈다. 소리를 버럭버럭 가슴이 툭 터지도록 지르면서 물이든지 불이든지 헤아리지 않고 엄벙덤벙 날뛰었으면 속이 시원할 것 같다. 목구멍을 먼지가 풀썩풀썩 하는 흙덩어리로 콱콱 틀어막아서 숨쉴 틈 없는 통 속에다가 온몸을 집어넣고 꽉 누르는 듯이 안타깝고 갑갑하여 울려 해도 소리가 나지 않는다.

가슴이 뭉클하고 뿌지지하더니 목구멍에서 비린 냄새가 왈칵 코를 찌를 때, 그는 왝 하면서 어깨를 으쓱하였다. 그의 입에서는 검붉은 선지피가 울컥 나왔다. 그는 쇠말뚝을 꽉 겯는* 듯한 가슴을 부둥키고 까무라쳤다.

문구멍으로 흘러드는 붉은 볕은 두 사람의 몸 위에 둥그런 인을 쳤다*. 뿌연 먼지가 누런 햇발 속에 서리서리 떠오른다. 파리 떼는 더욱 웅성거린다.

＊액색 운수가 막혀 생활이나 행색 따위가 군색함.
＊엉클엉클한 실, 새끼 같은 물건이 서로 뒤섞여서 풀어지지 않은.
＊겻불내 겨를 태우는 불 냄새.
＊겯다 자빠지지 않게 어긋매끼게 걸어 세우다.
＊인(印)을 치다 도장을 찍다.

7

"제마! 애고! 아야! 내 제마!"

하는 소리에 박돌 어미는 머리를 번쩍 들었다. 문을 내다보는 그의 두 눈은 유난히 번득였다. 이 때 그의 눈 속에는 보이는 것이 있었다.

낮인가? 밤인가? 밤 같기는 한데 어둡지 않고, 낮 같기는 한데 볕이 없는 음침한 곳이다. 바람은 분다 하나 나뭇가지는 떨리지 않고, 비는 온다 하나 빗소리는커녕 빗발도 보이지 않는 흐리머리한 빗속이다.

살이 피둥피둥하고 얼굴이 검붉은 자가 박돌의 목을 매어 끌고 험한 가시밭 속으로 달아난다.

"애고! 애고! 제마! 제마!"

박돌의 몸은 돌에 부딪치고 가시에 찢겨 온몸이 피투성이가 되었다. 피투성이 속으로 울려 나오는 박돌의 신음 소리가 쩌릿쩌릿하게 들렸다.

"으응……."

박돌 어미는 몸을 부르르 떨었다. 그는 머리를 번쩍 들었다. 부릅뜬 두 눈에서는 이상스러운 빛이 창문을 냅다 쏜다. 그는 도야지를 보고 으르는 개처럼 이를 악물고 번쩍 일어서더니 창문을 냅다 차고 밖으로 뛰어나갔다.

먼지가 뿌연 그의 머리카락은 터부룩하여 머리를 흔드는 대로 산산이 흩날린다. 입과 코에는 피 흘린 흔적이 임리하고* 저고리와 치마 앞은 피투성이가 되었다.

"야 이놈아, 내 박돌이를 내놔라! 에구, 박돌아! 박돌아! 이놈으 새끼야. 우리 박돌이를 내놔라!"

---

* 임리하다 흠뻑 젖어 흘러 떨어지거나 흥건하다.

그는 무엇을 뚫어지도록 눈이 퀭해 보면서 허둥지둥 뛰어간다.

"야 이놈아! 저놈이 저기를 가는구나!"

그는 동계사무소 앞 골목으로 내뛰더니 오른편으로 휙 돌아 정직상점 뒷골목으로 내리뛰면서 손뼉을 짝짝 친다. 산산한* 머리카락은 휘휘 날린다.

"에구, 저게 웬일이야?"

"박돌 어미가 미쳤네!"

"저게 웬 에미넨(여편네)구!"

길에 있던 사람들은 눈이 둥그레 피하면서 한 마디씩 뇐다. 웬 개 한 마리는 짖으면서 박돌 어미 뒤를 쫓아간다.

"이놈아, 저놈이 내 박돌이를 끌고 어디를 가니? 응, 이놈아!"

뛰어가는 박돌 어미는 소리를 치면서 이를 간다. 도끼눈을 뜨는 두 눈에는 이상스런 빛이 허공을 쏘았다. 그 모양을 보는 사람은 누구나 소리를 치고 물러선다.

"이놈아! 이놈아! 거기 놔라! 저놈이 내 박돌이를 불 속에 집어넣네…… 에구구…… 끔찍도 해라. 에구, 박돌아!"

"응 박돌아! 그 돌을 쥐어라! 꼭 붙들어라!"

박돌 어미는 이를 빡빡 갈면서 서너 집 지나 내려오다가 커단 대문단 기와집으로 쑥 들이뛴다. 그 대문에는 '김병원 진찰소'라는 팔분(한자 서체의 하나)으로 쓴 간판이 붙었다.

"저놈이…… 저 방으로 들어가지? 이놈! 네 죽어 봐라, 가문 어디로 가겠니? 이놈아, 내 박돌이는 어쨌니? 내 박돌이를 내놔라!"

두 눈에 불이 횃한 박돌 어미는 툇마루 놓인 방 미닫이를 차고 뛰어 들어가서 그 집 주인 김 초시의 멱살을 잡았다.

---

* 산산(散散)하다 흩어지다.

멱살을 잡힌 김 초시는 눈이 동그래서,

"이…… 이…… 이게…… 무슨 일이야?"

하며 황겁하여 윗방으로 들이 뛰려고 한다.

"이놈아! 네가 시방 우리 박돌이를 끌어다가 불 속에 넣었지? 박돌이를 내놔라, 박돌아……."

날카롭고 처량한 그 소리에 주위의 공기는 싹싹 에어지는 듯하였다.

"아…… 아…… 박돌이를 내 가졌느냐? 웬일이냐?"

박돌이란 소리에 김 초시 가슴은 뜨끔하였다. 김 초시는 벌벌 떨면서 박돌 어미 손에서 몸을 빼려고 애를 쓴다. 두 몸은 이리 밀리고 저리 쓰러져서 서투른 씨름꾼의 씨름 같다.

약장은 넘어지고 요강은 엎질러졌다. 우시시한 초약과 넌들넌들한 가래며 오줌이 한데 범벅이 되어서 돗자리에 흩어졌다.

"야 이년아! 이 더러운 년아! 남의 집에 왜 와서 이 야단이냐?"

얼굴에 독살이 잔뜩 나서 박돌 어미에게로 달려들던 주인 여편네는 피 흔적이 임리한 박돌 어미의 입과 퀭한 그 눈을 보더니,

"에구, 저 에미네 미쳤는가!"

하면서 뒤로 주춤한다.

김 초시의 멱살을 잔뜩 부여잡은 박돌 어미는 이를 야금야금하면서 주인 여편네를 노려본다.

주인 여편네는 뛰어다니면서 구원을 청하였다.

김 초시 집 마당에는 어린애, 어른 할 것 없이 모여들었다. 그러나 모두 박돌 어미의 꼴을 보고는 얼른 대들지 못한다.

"응, 이놈아!"

박돌 어미는 김 초시의 상투를 휘어잡으며 그의 낯에 입을 대었다.

"에구! 사람이 죽소!"

방바닥에 덜컥 자빠지면서 부르짖는 김 초시의 소리는 처량히 울렸

다. 사내 몇 사람이 방으로 뛰어 들어간다.

"이놈아! 내 박돌이를 불에 넣었으니 네 고기를 내가 씹겠다."

박돌 어미는 김 초시의 가슴을 타고 앉아서 그의 낯을 물어뜯는다.

코, 입, 귀…… 검붉은 피는 두 사람의 온몸에 발리었다.

"어찌 저럼메?"

"모르겠소."

밖에 선 사람들은 서로 의아해서 묻는다. 모든 사람은 일종 엷은 공포에 떨었다.

"그까짓 놈(김 초시), 죽어도 싸지! 못할 짓도 하더니……."

이렇게 혼자말처럼 뇌는 사람도 있다.

십삼 원

유원이는 자려고 불을 껐다. 유리창으로 흘러드는 훤한 전등빛에 실내는 달밤 같다.

그는 옷도 벗지 않고 그냥 이불 위에 아무렇게나 누웠다.

그러나 온갖 사념에 머리가 뜨거운 그는 졸음이 오지 않았다. 이리 궁글 저리 궁글 하였다.

등에는 진땀이 뿌직뿌직 돋고 속에서는 반열이 난다.

이 때에 건넌방에 있는 H가 편지를 가져왔다.

편지를 받은 유원이는 껐던 전등을 다시 켰다. 겉봉을 뜯는 그의 가슴은 두근두근 울렁거렸다. 무슨 알지 못할 큰 걱정이 장차 앞에 닥쳐오려는 사람의 심리 같았다. 그리 짧지 않은 편지를 잠잠히 보던 그는 힘없이 편지를 자리 위에 던지고, 왼팔을 구부려 손바닥으로 머리를 괴고 또 이불 위에 눕는다.

눈을 고요히 감은 유원이는 무엇을 생각한다. 그의 낯빛은 몹시 질린 사람같이 파랗다. 그리고 힘없이 감은 두 눈가에는 한없이 슬픈 빛이 흐른다.

그 편지는 그의 어머니에게서 온 것이다. 그 편지에는 이러한 구절이 있다.

'생애가 너무 곤란하여 무명을 짜려고 한다. 그러나 솜을 사야 할 터인데 돈이 한 푼도 없구나! 넨들 객지에 무슨 돈이 있겠냐마는 힘이 자라거든 십삼 원만 부쳐 다오.'

그런데 처음에는 십사 원이라고 썼다가 그 사 자를 뭉개고 옆에 다시 삼 자를 썼다. 그것이 더욱 유원의 가슴에 못이 되었다.

유원이는 금년 이십이의 청춘이다. 그는 어머니가 있다. 처도 있다. 두 살 나는 어린것도 있다. 그러나 곤궁한 그 생애는 그로 하여금 따뜻한 가정 생활을 하지 못하게 하였다. 그는 늘 동표서랑으로 가족을 떠나 있지 않을 수 없는 운명에 지배되었다. 지금도 그 가족은 시방 유원이 있는 곳에서 백여 리나 더 가서 S라는 산골에 있다. 그리고 유원이는 이 곳에서 노동을 하여 다달이 얼마씩 그 가족에게 보낸다.

사세가 이러하니 그의 객지 생활은 넉넉지 못하였다. 친구에게 부치는 서신도 마음대로 못 부친다. 그의 사정이 이런 줄을 그의 어머니는 잘 안다. 유원이가 어디 가서 넉넉히 지내더라도 그 어머니께서 돈 보내라는 편지는 못 받았다.

그 어머니는 항상 빈한에 몰려서 괴로운 생활을 하건만 유원에게는 괴롭다는 편지를 보내지 않았다. 그것은 사랑하는 자식인 유원의 마음을 상할까 염려함이다. 그렇던 어머니에게서 이제 돈 보내라는 편지가 왔다.

유원이는 벌떡 일어났다. 그는 다시 그 편지를 집어 들었다. 십삼 원이 씌어진 구절을 또 읽었다.

'아! 어머니가 여북하시면 돈을 보내랄까? 십사 원을 쓰셨다가 다시 십삼 원으로 고치실 때 형언 못할 감정이 넘쳤을 어머니의 가슴!'

머리를 번쩍 들어 벌건 전등을 바라보고 눈을 감으면서 이렇게 생각하는 유원의 머릿속에는 행여 돈이 올까 하여 기다리고 있을 그 어머니의 측은한 모습이 떠올랐다. 까맣게 때묻고 다 떨어진 치마를 입고 힘없이 베틀에 앉은 처의 형용도 보였다. 젖을 먹으려고 어머니의 무릎에 벌레벌레 기어오르는 어린것의 가긍한 꼴도 그의 눈앞에 환영으로 지나간다.

유원이는 조금만 설워도 잘 우는 성질이다. 그러나 지금은 어쩐지 눈물도 잘 나지 않았다. 모든 의식이 망연하고 가슴이 답답하여 무어라 해야 할지 몰랐다.

'에라, 어디 K하고나 말할밖에…….'
하면서 그는 벌떡 일어섰다. K는 유원이 복역하는 노동조의 회계이다. 오십 가까운 중늙은이로 조원의 숭경을 받는 이다. 상당한 재산도 있는 사람이다.

유원이는 뒷마당에 나왔다. 문간에 달아 놓은 전등빛은 밝다. 가을밤에 스치는 바람은 쓸쓸하였다. 하늘은 흐려서 별 하나 보이지 않았다.

유원이는 문간에 잇대어 있는 K의 방으로 들어갔다. K는 있었다. 그 밖에 K의 부인과 같은 조원인 C가 놀러 왔다. 유원이는 K의 곁에 앉았다. 그는 공연히 가슴이 울렁울렁하여 어떻게 말을 끄집어 내면 좋을지 몰랐다. 신문을 보던 K는,

"허히, 동경 근처는 말이 아닐세! 이거 참 세상이 다시 개벽할라나? 이렇게 큰 지진은 말도 못 들었지."
하면서 유원이를 쳐다본다. 풍부한 살결에 윤기가 도는 —— 주름이 약간 잡힌 이마 아래 두 눈에는 웃음을 띠었다. K는 언제든지 유원이를 대하면 웃는다.

"글쎄요."
유원이는 대답을 하기는 하였으나 무슨 말에 대답을 하였는지, 무슨

의미로 '글쎄요' 하였는지 그는 그 스스로도 몰랐다. 다만 십삼 원이란 돈 말을 어찌할까 함이 그의 온 감정을 지배하였다.

'이 말을 내었다가 거절당하면 어쩌나?'

그의 마음은 떨렸다.

'그러나 그 거절당하는 무참도 한순간이겠지. 내가 말 내기 어려운 말 내는 것도 한 찰나겠지. 영영 이 무참이나 그 괴롬이 있지는 않을 것이다. 이 순간을 어서 흘려야겠다.'

생각하니 그는 용기가 좀 났다. 그는 말하려고 입을 머뭇하였다. 그의 가슴은 찌릿하였다. 그의 마음에는 곁에 있는 여러 사람이 거리끼었다.

그 사람들 앞에서 자기의 구구한 사정을 꺼내기는 참으로 괴로웠다. 자기는 세상에 아무 권리도 없는 약하고도 천한 무능력한 자라는 모욕적 감정이 그의 의식을 흔들었다. 그는 그만 '으흠' 하고 말을 내지 않았다.

'조용한 틈을 타서 말하리라.'

하였다. 설마 K가 거절이야 않겠지. 그는 추측하였으나 그것도 말해 보아야 판단하리라 하였다.

K는 유원이를 사랑한다. 그의 정직하고 쾌활한 성격을 사랑하며 비상한 재주를 사랑한다. 또한 곤궁으로 헛되이 보내는 유원의 청춘도 아까워한다.

금년 여름이었다. 유원이가 ××강습소에 삼 주일 동안이나 매일 오전마다 다녔다. 그 때에 K는 친히 유원의 대신 조에 가서 일한 적도 있었다.

"우리 조 회계가 좀 해서는 누구 말을 잘 안 듣는데 유원의 말은 잘 들어."

"흥, 그러지 않으면 그 사람(유원)이 또 그렇지, 회계의 일이라면 좀 잘 보아 주나. 어찌했든 유원이 같은 사람이 쉽잖아."

"암, 그렇구말구. 우리게 비기면 그래도 지식도 있고 하지만 당초에 냄새가 없지."

그 조원 간에는 이러한 회화가 종종 있었다. 신문을 보던 K는 유리미 닫이를 드르륵 열고 가가 방으로 나간다.

"아, 벌써 열한 점인가!"

시계를 쳐다보고 혼자 중얼거리면서 유원이는 K를 따라 가가 방으로 나갔다. 그는 이제는 은근히 말하리라 하고 K의 옆에 다가섰다. 방의 모든 유리를 스쳐 자기의 행동을 유심히 보는 듯하여 또 기운이 줄었다. 그러나 그는 용기를 내어서,

"또 걱정이 생겼어요."

하는 그 말은 남의 말하듯 좀 냉정하였다. 그의 가슴은 여전히 두근덕 두근덕하였다. 그러나 영맹(거칠고 사나움)한 짐승이 들어찬 굴에 가는 사람이 굴 어귀에 있을 때의 그러한 심리는 아니었다. 이미 굴에 들어서서 맹수에게 화살을 던진 때에, 그 생사 여부를 기다리는 때의 심리였다.

"응, 무슨 일로?"

K가 묻는 때에 방에 있던 C가 유리창을 열고 나오면서,

"에, 가서 자야지."

한다. 유원이는 또 말문이 막혔다. K는 이편 유원이 쪽으로 머리를 기웃하고 무슨 소리를 기다린다. C는 갔다. K는 도로 방으로 들어왔다.

'아, 내가 왜 말을 칵 하지 못하고 이리도 애를 쓰노.'

하고 유원이는 자기의 맘 약한 것을 뉘우쳤다. 이번은 꼭 말하리라 하고 주인을 따라 방으로 들어왔다.

"저…… 편지가 왔는데."

하고 그는 괴로운 웃음을 지었다.

"응, 어디서?"

K는 입에 문 궐련 연기가 눈에 들어갔는지 눈을 비비면서 유원을 본다.

"집에서요."

유원은 편지를 끄집어내려고 호주머니에 손을 넣었다.

"무에라고?"

"이것을 보십시오. 또 돈이올시다."

그는 한편으로는 K에게 편지를 주고 곁눈질하여 K의 부인을 보았다. 부인은 담배만 퍽퍽 피우고 이쪽에는 귀도 기울이지 않는다. 그의 맘은 좀 편하였다.

"내일 부치오. 아마 집에서 퍽 곤란할게요. 그러면 벌써 말하지."

K는 태연히 말하였다.

유원이는 무엇이라 해야 할지 너무도 감격하여 말이 나오지 않았다. 동시에 그는 어머니의 십삼 원 받고 기뻐할 것을 상상하였다. 감격에 끓던 그의 가슴은 다시 쓰린 감정이 넘치었다.

'아! 이 십삼 원, 이것으로 무명 원료를 사면 쌀은 어찌할까? 나무는 무엇으로?'

그는 그만 소리 없는 눈물을 떨어뜨리었다.

유원이가 우체국에 가서 어머니에게 십삼 원 부치던 날 밤이었다. S촌에 있는 유원의 어머니는 이상한 꿈을 꾸었다. 무명을 짜느라고 외상으로 산 솜 값 받으려고 솜 장사가 왔다. 그런데 유원에게서는 돈을 못 부친다는 편지가 왔다.

솜장수는 솜 값을 내지 않는다고 베틀에 불을 질렀다. 유원의 어머니는 불붙는 무명틀을 붙잡고 울다가 깨어나니 꿈이었다.

목화

백금

1

늘 허허 춘풍으로 웃고 지내는 내 가슴에도 슬픔이 있다. 나는 흐르고 흐르는 눈물에 잠긴 슬픔보다도 허허 하는 웃음 속에 스민 설움이 더 크지나 않을까 생각한다.

사람의 외모와 그 표정이 그 사람의 내면 생활을 어느 정도까지 표현한다 하면, 나를 보는 사람들 가운데서 생각하는 이는 생각할 것이다. 나는 지금 꽃으로 치더라도 훨훨 피어날 청춘인데 벌써 이마에 주름이 잡혔다.

그나 그뿐인가. 두 뺨은 김빠진 고무 볼같이 쑥 오글고* 눈 가장자리가 푹 파였으니, 남다르게 악착한 운명을 지고 험한 길을 밟은 것은 더 말하지 않아도 알 것이다.

나는 이렇게 악착스런 운명의 지배로 이 가슴에 겹겹이 쌓인 설움의 한 부분을 여기에 쏟으려고 한다.

＊오글다 안쪽으로 휘어지다.

고요히 앉았으나 누웠으나 가슴을 지그시 누르면서 눈앞에 나타나는 그림자가 있다. 겉은 늙었다 할 만치 되었더라도 속은 아직 어린애인 내가 이런 말 하기는 거북스럽다는 것보다도 얄궂고 주제넘지만, 진정 그 그림자가 내 눈앞에 선히 떠오를 때면 오장이 끊기는 듯하다.

진종일 물인지 불인지도 모르고 덤벙덤벙 싸다니다가도 이렇게 전등을 끄고 누웠으면, 이 생각 저 생각 떠오르는 가운데 그 그림자는 떠오른다. 눈앞에 흐르는 꺼뭇한 —— 구름도 아니요, 안개도 아닌—— 기운 속으로 지새는 안개 속에 보이는 민산같이 나타나는 것은 반짝이는 눈, 좀 넓적한 콧마루 아래 장미꽃같이 터진 입, 고무공같이 봉긋한 두 뺨, 몽톡한 귀 —— 그것은 내가 집 떠날 때 본 백금이다. 백금이는,

"아부지!"

하고 방긋 웃으면서 두 손을 내민다.

나는 더 참을 수 없다. 그저 가만히 보고만 있을 수 없다. 나는 나도 알 수 없는 힘에 지배되어 팔을 벌리고 눈을 뜨면서 벌떡 일어난다. 결국 굳센 내 두 팔에 잔뜩 안긴 것은 나를 덮었던 이불이다. 내 눈앞에는 으스름한 창문이 보일 뿐이다. 나는 한숨을 휴 쉬었다. 지금 그것이 허깨비인 줄 모르는 것이 아니로되, 그래도 무엇이 보일 듯하고, 무엇이 들릴 듯하게 마음에 켕긴다.

"백금아, 백금아, 백금아……."

나는 나도 알 수 없이 구석을 노려보면서 나직이 불렀다. 보이기는 무엇이 보이며, 들리기는 무엇이 들려? 으슥한 구석에 걸린 의복이 점점 환하게 보이고 창을 스치는 쌀쌀한 바람 소리만 그윽할 뿐이다.

"흥! 내가 미쳤나?"

내 몸은 힘없이 자리에 다시 쓰러졌다. 머리는 띵하고 가슴은 쩌릿하다. 슬그니 덮은 두 눈딱지까지 천 근 쇳덩어리같이 눈알을 누른다. 또 온갖 사념이 머리를 뒤흔들고 열이 올라서 잠을 못 이루게 한다.

백금이 간 지가 벌써 몇 달이냐? 그가 갔다는 이 선생의 손으로 쓰신 어머니의 엽서를 받던 때는 청량리 버드나무잎이 바야흐로 우거졌던 때더니 벌써 그것이 떨어지고, 삼각산에 흰 눈이 내렸다. 성진 동해안 공동 묘지에 묻힌 그의 어린 뼈와 고기는 벌써 진토로 돌아갔을 것이다.

그의 영혼이 있다고 하면 마천령에서 내리쏠리는 쓸쓸한 바람 속에 누워서 이 밤 저 달 아래 빛나는 바닷소리에 얼마나 목멘 울음을 울까?

2

백금이는 내가 스물한 살 때, 즉 신유년 7월 22일에 서간도에서 낳은 딸이다.

"손자가 나면 백운이라고 하겠더니 손녀니까 백금이라 하지! 백두산 아래에 와서 얻은 거문고라고, 허허."

이렇게 아버지께서 그 이름을 지으셨다. 백금이는 거친 만주 산골에서 나기는 하였으나, 어머니(아내)나 아버지(나)보다도 할아버지(아버지)와 할머니(어머니)의 사랑 속에서 곱게 곱게 컸다.

그러나 악착스런 운명은 우리에게 평화로운 날을 늘 주지 않았다. 백금이 두 살 되던 해 가을이었다. 어머니, 아내, 백금, 나 이 네 식구는 아버지와 갈리게 되었다. 소슬한 가을 바람에 낙엽이 흩날리는 삼인방 고개에서 아버지와 작별할 때 점점 멀어지는 할아버지를 부르면서 섧게 섧게 우는 백금의 울음에 우리는 모두 한숨을 짓고 눈물을 뿌렸다. 아버지는 우리가 산모퉁이를 돌아갈 때까지 그 고갯마루 턱에 지팡이를 짚고 섰었다.

태산 준령을 넘어서 북간도 얼다오거우에 나온 우리는 이듬해, 즉 백금이가 세 살 나던 봄에 두만강을 건너서 회령으로 나왔다. 이 때부터

백금이는 어정어정 이웃집으로도 걸어다니고 쉬운 말도 하고 어른들이 가리키는 것을 집어 오기도 하였다. 온 집안의 정성과 사랑은 더욱 더욱 그에게 몰렸다. 어머니께서는 맛나는 것만 얻으셔도 백금이 백금이, 예쁜 것만 보셔도 백금이 백금이 하며 귀여워하셨다.

심지어 그 때 우리 노동판 회계인 T의 내외분까지 백금 백금 하여 자기 자식같이 받들었다. 내가 노동판에서 늦게 들어가서 기침을 캥 하고 문을 열면, 어미 무릎에서 젖을 먹던 백금이는 통통 뛰어나오면서,

"해해, 아버지! 아버지! 해해."

하고 내 품에 안겼다. 그 때에 나는 들고 들어간 과자나 과일을 주면 그는 옴팍한 작은 손으로 부둥켜안고는,

"할머니, 해해."

방긋방긋 웃으면서 어머니께 갖다 드렸다.

"에그, 좋아서 하하."

어머니는 과자 봉지, 백금이 할 것 없이 얼싸안으시고는 백금이 낯에 뺨을 비비셨다.

"호호."

"히하."

아내와 나도 웃었다.

"이제는 낮에 아버지 있는 데로 가자고 성화여서 못 견디겠다."

어머니께서, 볼이 미어지도록 밥을 퍼먹는 나를 보시고는 방긋이 웃는 백금이를 보신다. 그러면 나는 밥을 씹는 채 백금이를 보며 정답게 물었다.

"백금아, 아버지 보고 싶디? 응?"

그러면 어머니께서는 백금이 앉아 있는 무릎을 들썩하면서,

"백금아, 가리켜라, 어 고운아, 잘 가리켜지! 아버지 어느 눈으로 보고 싶디?"

하시면 백금이는 방긋 웃고 할머니를 쳐다보면서 작고 흰 손가락으로 바른편 눈을 가리켰다.

"또 할머니는?"

이번에는 어머니 곁에 앉았던 아내가 묻는다. 그러면 백금이는 머리를 갸우뚱하며 할머니를 보면서 왼편 눈을 가리켰다. 나는 먹던 밥을 잊은 듯이 그것만 빙긋이 보다가 또 물었다.

"백금아! 또 엄마는?"

이번에는 좀 머뭇머뭇 하다가 코를 가리켰다. 웃음이 터졌다.

"하하!"

"호호!"

"허허!"

이렇게 세 식구는 백금이의 연기에 취하여 밖에 흐르는 눈보라는 꿈에도 생각지 않았다. 그 때도 아침저녁 벌어서 먹었건만 우리 집에는 늘 웃음이었다. 날이 갈수록 백금이에 대한 나의 사랑은 더욱 깊었다. 나는 한 번 어떤 친구와 이렇게 말하고 웃은 일이 있다.

"여편네는 남의 것이 이쁘고, 자식은 제 자식이 이쁘다는 말이 일리는 있어! 허허허."

"에게, 미친 녀석 미친 수작 하네, 하하하."

그러나 진실로 말하자면 '저것은 내 자식이다. 내 혈육이다.' 하는 생각도 다소간 있겠지만, 그보다도 순진한 어린 맛에 내 마음은 더 끌렸던 것이다. 나날이 토실토실하게 자라는 누에 모양으로 연년이 내 눈앞에서 셈이 들고*, 커 가고, 말을 번지는 양은 사랑하지 않을래야 사랑하지 않을 수 없었다. 더구나 그가 걸음마를 자유롭게 떼면서부터는 내 손을 꼭 잡고 따라다녔다.

| * 셈들다 사물을 잘 분별하는 슬기가 있게 되다.

어떤 때는 일판에까지 쫓아나온 때가 있었다. 작년 여름이었다. R형이 나를 찾아왔다가 목간을 함께 가는데 백금이가 수건과 비누를 들고 앞서서 족돌족돌* 목간집을 찾아가는 것을 보더니,

"하하, 세월이 빠르구나! 야, 네 자식이 벌써 저렇게 되다니 기가 막혀서, 하하."

하고 크게 웃었다.

3

그러나 나는 무어라 형용할 수 없는 느낌으로 간간이 암담한 오리무중에서 검은 숨을 쉬었다. 흐르는 세월과 같이 시시각각으로 변하는 운명은 또 한 번 뒤집혔다. 이것은 한 단체적 운명인데, 계해년 흉년으로 말미암아 회령역을 경유하여 일본으로 수출되는 간도의 대두가 끊어졌다. 그 때문에 겨울 한철에 대두목을 보던 회령 나따세* 노동자들은 출출히 마르게 되었다. 그 속에 속한 내 앞에도 그 슬픈 운명은 닥쳤다.

그렇지 않아도 늘,

"네가 과연 이 생활에 만족할 테냐?"

하고 나 스스로 내 생활과 내 태도를 분개하던 판이다. 불평은 한껏 커졌다. 그런 와중에 회사측에서는 밤낮 노동 임금을 내려서 하루 —— 아침 여섯 시부터 밤 열 시 —— 번다는 것은 몇십 전, 기껏해야 일 원이 되니 그것으로는 도저히 먹을 수가 없었다. 무어라고 회사측에 대하여 불평을 말하면 쫓겨나기가 예사이다. 그저 목구멍이 포도청이 되어서 지긋지긋 견디지만 나날이 높아 가는 것은 불평이었다. 홧김에 주기

---

* **족돌족돌** '아장아장'을 좀더 귀엽게 표현한 말.
* **나따세** 나쎄. 그만한 나이를 속되게 이르는 말.

싫어하는 외상 술을 먹고는 서로 싸움과 욕으로 화풀이를 하게 되었다.

나는 이 때에 이르러서 더욱더욱 느끼는 바가 있었다. 참담한 생활을 생각하는 때마다 알 수 없는 굵은 줄이 내 몸, 내 식구의 몸, 나와 같이 일하는 이의 몸을 휘휘 친친 얽은 듯한 그림자가 머릿속에 떠오를 듯 떠오를 듯하다가는 갈앉고 갈앉고 하던 것이, 이 때에 와서는 뚜렷이 마르크스*의 〈자본론〉보다도 더 밝게 떠올랐다.

첫여름 뜨거운 어떤 날이었다. 나는 R형과 함께 남문 밖 시냇가로 나가면서 이런 말을 끄집어 내었다.

"R형, 나는 이런 생활에 만족해야 옳을까?"

R형은 나를 보면서 은근스럽게 말하였다.

"그래, 그렇찮으면 어쩌겠나?"

"형까지 그렇게 생각하시우?"

"그러면 어떻게 생각하나?"

나는 갑갑하였다. 눈앞에 반짝반짝 흐르는 시내에 첨벙 뛰어들고 싶었다.

'R형도 그렇구나? 일본까지 가서 사회학을 연구했다는 이까지 저러니?'

나는 이렇게 속으로 R형을 원망하였다.

잠시 두 사람은 잠잠하였다. 눈이 부시는 빛 아래 자글자글 빛나는 시냇물은 찰찰 소리를 친다. 저편에 수차가 번쩍번쩍 돌아간다. 그 양편으로 빨래하는 부인들이 죽 늘어앉았다. 정거장에서는 푸푸 기차의 김뿜는 소리가 들리고 영림창에서는 쿵덕쿵덕 기계 돌아가는 소리가

---

* 마르크스(Karl Heinrich Marx) 독일의 경제학자, 철학자. 자본주의 사회를 뒤엎고 공산주의 사회를 만들 것을 주장하였다(1818~1883).

마르크스

울려 온다. 간간이 불어오는 바람은 숨이 턱턱 막히게 뜨뜻하다.

중도역 쪽에서 뿡 하는 기적 소리가 나더니, 어느 새 낮 차가 푸푸 우르르 하고 회령역으로 쏜살같이 들이달렸다.

"그래, 어찌할 작정인가?"

R형이 침묵을 깨뜨렸다. 나는 비위가 꼬였다.

"그만둡시다. 그까짓 말은 해서 뭘 하오?"

"흥! 왜 화났니? 응, 말해라! 무슨 말이든지 해라! 네 고통을 모를 줄 아니?"

하고 고삐를 늦추는 바람에 나는 좀 풀렸다.

"나는 암만 해도 집에 있을 수는 없소!"

"왜?"

"글쎄, 보는 형편처럼 한평생 이러고서야 무슨 사는 보람이 있어요?"

"가면 뭘 하겠나?"

"등짐이라도 져서 더 배워야 하겠소!"

"식구들은?"

"내가 아우?"

"내 알다니? 그게 무슨 소린가?"

R형은 말과는 딴판으로 빙그레 웃는다. 나는 그것이 미웠다. 그러나 잠사였다.

"붙잡고 있으면 소용이 있소? 아무리 붙잡아도 이 상태로는 기아를 면할 수 없어요! 더구나 딸년 하나 있는 것이 오래지 않아서 학교에 넣게 되겠으니 이렇게 쪼들리고서야 학비가 다 뭐예요? 어디 가서 아기나 보아 주고 구박을 먹겠으니……."

이 때 내 눈앞에 찢어진 치마저고리를 걸치고 어떤 집 부엌에서 오드드 떠는 백금이의 모습이 언뜻 지나쳤다. 나는 다시 말을 이었다.

"그럴 바에는 지금 나서는 것이 차라리 낫잖겠소."

나는 입술을 물었다.

"글쎄 나도 네 일을 생각하고 있다. 네가 이러고 있어 되겠니? 하지만 정작 목전에 보니 어머니가 딱하구나! 더구나 백금이까지 있으니 말이다."

4

그 뒤 보름이 넘어서 R형과 나는 회령을 떠났다.

새벽 차로 떠나는데 백금이는 그 때까지 잠이 깨지 않았다. 나는 그가 방긋방긋 웃고, 깡충깡충 뛰면서 아버지 아버지 부르는 것이 보고 싶었으나, 자는 것을 깨우면 밥짓는 데 귀찮게 굴겠고 또 나를 따라 정거장으로 나간다고 고집을 부리겠기에, 그냥 버려 두고 그 뺨에 은근히 내 뺨을 비비었다. 그 쌔근쌔근한 숨결이 내 입술을 스칠 때 나는 애틋한 정과 아울러 보드라운 느낌을 받았다.

R형은 내 하는 모양을 보고 빙그레 웃으면서 일본말로 끄집어 냈다.

"네 이제 그런 것 저런 것 다 생각나서 못 견디리라."

"이제 백금이는 오빠 오실 때까지 아버지만 찾겠지? 호호!"

이 때는 웅기에 있던 내 누이동생이 집에 와 있었다.

차 시간이 가까웠다. 나는 한 일 주일 후에 돌아온다고 거짓소리를 하고 떠났다. 발이 묵직한 것이 다시금 돌아다보았다.

나는 고향을 나와서 이삼 주간 묵은 뒤 H군으로부터 노비를 얻어서 여정에 올랐다. R형은 뒤에 떠나기로 하고 혈혈단신이 장안 큰길에 나타나게 된 때는 작년 팔월 그믐날이었다. 적수공권*이 마침 좋은 친구

---

* **적수공권**(赤手空拳) 맨손 맨주먹이라는 뜻으로, 아무것도 가진 게 없음.

들 도움으로 간신히 어떤 학생 여관에서 유숙하게 되었다.

서울에 들어서던 날부터 내 눈에 비친 서울은 내가 동경하던 서울이 아니었다. 나는 진고개도 보고, 신마찌*도 보았으며, 종로도 보고, 광화문 밖도 보았으며, 새문 밖도 보고, 구리개*도 보았다. "나리, 돈 한 푼 줍쇼!" 하고 뒤를 쫓아오는 부대투성이도 서울에 와서 보았고, 거적을 쓰고 차디찬 길 위에서 잠자는 무리들도 서울서 보았다. 날이 갈수록 간판과 전등으로 화려하게 꾸민 서울의 내막이 어둡고 지저분하게 보였다. 나는 이 모든 것을 볼 때마다 내 두 팔에 힘 약한 것을 한탄하였고, 나의 담이 좀더 커지기를 원했다. 콸콸 흐르는 뜨거운 피로 썩어진 도시를 밀어 버리고 싶었다.

거물거물하는 사이에 한두 달이 갔다. 나는 몹시 추운 어떤 날 밤에 형의 편지를 받았다. 그 편지 가운데는 이러한 구절이 있었다.

—— 아우야! 마천령에는 눈이 허옇게 쌓였다. 이제부터는 서울도 삼각산 바람이 쏠쏠 귀 밑을 에일 때다. 무엇을 먹으며 무엇을 입니?…… 중략…… 아우야, 백금이 어미는 갔다. 네 아내는 갔다. 어디를 갔는지 갔구나…… 중략 …… 아우야, 씩씩하게 나아가거라. 너는 ××주의의 생의 긍정자가 되어라……. 하략 ——

나는 편지를 읽고 나서 멍하니 어떤 감상을 붙잡을 수 없었다. 슬픈지? 괴로운지? 뜻하지 않은 곳에서 사나운 짐승을 만난 사람같이 한참 편지를 쥔 채 묵묵하였다. 하다가 시간이 흘러서 온몸을 싸고 엉킨 그 무슨 기운이 차츰 풀릴 때 천사만념*이 머리와 가슴을 긁기 시작했다.

나는 얼음장 같은 방 안에 무릎을 안고 드러누워서 밤새껏 눈을 붙이지 못했다. 이튿날, 아침을 먹고 전날의 일기를 이렇게 썼다.

---

* 신마찌 유곽.
* 구리개 을지로.
* 천사만념(千思萬念) 여러 가지로 생각함. 또는 그런 생각.

'아내는 갔구나! 그는 어머니와 백금이를 두고 갔구나! 그는 어디로 갔나? 춥고 배고파서 갔나? 그는 나와 오륙 년이나 고락을 같이한 사람이다. 나는 그의 마음을 안다. 아내여! 나는 당신을 조금도 원망치 않는다. 나는 나의 온갖 정성을 다하여 당신 행복을 빌고 바란다. 당신은 나를 용서하라. 어머니의 한숨! 백금이의 엄마! 소리를 두고 가는 아내 가슴이 어떠하였을까? 그는 나를 얼마나 원망하였으랴? 나는 그것이 들리는 듯하다. 어머니, 용서하소서! 이 자식이 성공하는 날까지 어머니 꼭 살아 계시소서! 백금아 울지 마라. 응! 아버지 돌아가는 날 예쁜 모자와 맛나는 과자를 많이 많이 사다 줄게. 할머니 모시고 울지 마라, 응!'

여기까지 쓰다가 나는 그만 일기책에 머리를 박고 울었다. 문을 꼭 걸고 가슴을 치고 데굴데굴 구르면서 소리 없는 뜨거운 눈물을 한껏 뽑았다. 이렇게 소리 없는 울음을 기껏 울다가 오정이 넘어서 밖에 나서니 천지가 누우런 것이 진흙 물을 흘린 듯하다. 나는 미친놈처럼 이 골목 저 골목 방향도 없이 허둥지둥 쏘다니다가 해가 진 뒤 하숙으로 돌아와 어머니와 R형에게 이러한 뜻의 편지를 썼다.

—— 이제부터는 절대 내게 집 소식을 알리지 마세요. 나도 내가 죽든지 살든지 성공하기 전에는 편지를 드리지 않겠습니다. ——

그 뒤로 내 생활은 그저 번민과 고통의 생활이었다. 아무 신통한 것이 없었다. 그사이 내 일기를 펴 보면 이런 것이 있다.

갑자 10월 30일. 청(맑음). 소한.

나는 중이 됐다.

장삼을 입고, 가사를 메고, 목탁을 드니 훌륭한 중일세!

세상은 나더러 세상이 귀찮아서 승문에 들었거니 믿는다. 하하하. 내가 참말 중인가? 하하하.

갑자 11월 15일. 소설. 난(따뜻함).

오늘은 갑자 십일월 십오일이다. 육십 년 전 이 날 축시에 우리 어머니는 이 세상에 나오셨다.

아아, 어머니!

우리 어머니는 백금이를 업고 지금 어디 계시나? 어머니 또한 내 있는 곳을 모르실 것이다. 이 무슨 인연이던가?

새벽 목탁, 저녁 종에 장삼 입고, 가사 메고, 합장하고, 부처님 앞에 꿇어 앉았을 때마다 어머님과 백금이 생각이 가슴에 간절해서!

나는 내 평생에 잊지 못할 이 날을 기념하기 위하여 소설 〈살려는 사람들〉을 쓰려고 붓을 잡았다.

뮤즈여! 당신도 이 소설을 그렇게 읽어지이다. 아아, 어머니는 백금이를 업고 어디서 배를 주리시나?

갑자 12월 3일. 청(맑음). 난(따뜻함).

꿈에 백금이를 보았다. 어머니 무릎에 앉았다가 방긋방긋 웃고 내 품에 와서 안기는 백금이를 보았다.

꿈을 깨어서 나는 법당 뜰에 내려가 어정어정하였다. 가슴이 뻐근하였다. 눈이 덮인 소나무 사이에 흘러내리는 달빛은 퍽 아름답다.

갑자 12월 18일. 대설. 풍(바람).

나는 참 무능력한 위인이다. 푯대가 없는 무골충이다. 이게 뭐냐? 이런 생활을 하려고 집을 떠났나? 발가벗고 저 눈보라 속에 서도 시원치 못할 놈아, 뜨뜻한 데가 다 뭐냐?

오오 무서운 눈보라!

을축 2월 3일. 청(맑음). 소한.

나는 ××잡지사에 들어갔다. 부처님을 배척하고 나왔으나 역시 종이 되었다.

나는 뜨뜻한 자리에 들고, 김이 나는 음식을 대할 때마다 어머니와 백금이 생각이 난다.

오늘 아침 동대문을 지나다가 어린애 업은 늙은 할머니가 오들오들 떨고 섰는 것을 보았다. 나는 가슴이 저렸다. 내 눈에는 그것이 남 같지가 않았다.

을축 2월 20일. 한(추움). 눈.

아침에 포슬포슬 내리던 눈은 개었으나 하늘은 그저 찌뿌드드하다.

오후에 야주개* 골목에서 B를 만났다. 나는 늘 그를 생각지 않으려고 애쓰나 생각케 되고, 그에게 끌리지 않으려고 하나 끌린다. 그의 다정한 웃음과 부드러운 목소리는 생각할 적마다 내 가슴에 불을 지른다.

단념! 단념할란다. 나는 절대 B를 생각지 않으련다. 죄 없는 인간들을 처참한 구렁에 빠뜨려 놓고 나 혼자 사랑의 품에 안겨? 거기 잘못 빠지면 나는 헤엄을 잘못 칠 것이다. 그렇게 되면 나의 이상은 다 헛일이다. 내게는 어머니가 있고 딸년이 있다. 나를 사랑하시는 어머니! 내가 사랑하는 딸!

을축 2월 28일. 한(추움). 설(눈).

밤 열 시가 넘어서 나는 P군과 같이 교정지를 거두어 가지고 인쇄소 문을 나섰다. 윤전기 소리가 은은한 공장 유리창으로 흘러 나오는 불빛 속에 펄펄 날리는 눈발은 부드러운 설움을 내 가슴에 흘린다. 우리는 종로 네거리에서 동대문 가는 전차를 기다렸다. 집집의 전등은 꿈 속

＊야주개 당주동과 신문로 1가에 걸쳐 있는 마을.

같다. 눈이 깔린 길 위에 오고 가는 사람의 모자와 어깨에는 눈이 허옇다. 모두들 무엇 하려고 저렇게 어물거리누? 나는 무엇 무엇 하러 서울 왔누? 존은 무엇 하는 것인구? 여기는 무엇 하러 서 있누? 어디를 가려고? 가면 내게 아내가 있나? 가정이 있나? 내가 춥다고 누가 밥을 데우며 찌개를 데우랴!

"가면 뭘 하나?"

나는 나도 모르게 입 밖에 내었다. 곁에 섰던 P군은 나를 돌아보면서,

"왜요, 집으로 안 가세요?"

"응, 왜 안 가긴?"

"그런데 왜 그러세요?"

"응, 아니야, 허허."

"하하."

P군도 나와 같이 웃었다. 그러나 그는 무슨 의미로 웃는가? 두 젊은이 웃음은 피차 영원히 풀지 못할 수수께끼일 것이다.

오오! 이것이 인생인가?

을축 3월 1일. 청(맑음). 난(따뜻함).

공중으로 솟는 내 영혼은 땅에 붙은 내 육체를 끌어올리려 하고, 땅에 자빠져 있는 내 육체는 공중으로 솟으려는 내 영혼을 끄집어 내리려 한다. 그러나 두 사이는 점점 벌어질 뿐이다. 거기에 차는 것은 고통, 번민, 우울, 비애, 침체, 분노뿐이다.

나는 주먹을 부르쥐고 이를 악문다.

그 모든 것을 쳐부수자!

그 모든 것을 이기자!

5

금년 늦은 봄, 몹시 덥던 어떤 날이었다.

5월 호에 실을 원고를 얻으려 돌아다니다가 석양에 재동으로 R형을 찾아갔다.

"요사이 집 소식을 듣나?"

R형의 소리는 아무 풀기 없이 들렸다. 어디가 편치 않은지 그 낯에는 어두운 빛이 흘렀다.

"집 소식이라니요? 벌써 편지 끊은 지가 언젠데?"

나는 남의 소리같이 말하면서 담배를 피웠다.

"백금이는 잘 있는지? 흥!"

그 소리에 나는 떠오르는 생각이 있었다.

"글쎄? 이런 소리를 들으려고 그랬는지? 꿈에 백금이를 보았지, 허허."

"그래 어쩌던가?"

"아, 꿈에 백금이가 시집을 간다고 하는데, 어느 새 컸는지 커단 색시겠지! 흐흐. 그런데 꿈에는 그게 백금이 같지 않기도 하고 백금이 같기도 해요, 하하하."

나는 어스레한 간밤 꿈을 눈앞에 보는 듯이 눈을 실룩거렸다.

"하하하, 그래 사위는 못 봤나?"

R형도 웃었다. 나는 또 벙긋 하고 탄식하는 듯한 음조로,

"글쎄, 그게 천만 유감이오. 꿈만 아니드면 사위 하나는 꼭 생기는데……, 흐흐흐."

경쾌한 기분으로 웃었다. 벽에 비스듬히 기대앉았던 R형은 빙그레하면서,

"네게 할 말이 있으니 지금 바로 사로 가거라."

한다. 나는 그 말의 뜻을 알 수 없었다.

"할 말이 있으면 이렇게 대해서 해야지, 사에 가면 어떻게 말해요?"

"글쎄 꼭 할 말이다. 어서 가거라. 전화로 말할게."

"이건 또 무슨 일인지 내 모르겠소, 하하하."

웃기는 하였으나 내 마음은 검은 구름에 싸이는 듯 죄었다. R형은 실없는 말이 없는 사람이다. 나는 내가 무슨 허물된 일이나 없었는가 하고 생각도 하여 보았다.

"무슨 일이우?"

나는 호기와 의심이 잔뜩 고인 눈으로 R형을 보았다. R형은 무엇을 생각하는지 나를 멀거니 보다가,

"네게 돈 좀 있니?"

나의 묻는 말과는 딴전을 친다.

"돈? 여기 한 이십삼 전 되는지?"

나는 지갑을 꺼낼 양으로 호주머니에 손을 넣었다. 그리고,

"글쎄 전화로 한다는 것은 무슨 말이오?"

채를 쳤다.

"그건 천천히 말하겠지만 술이 삼십 전 어치면 얼마나 되나?"

또 딴전을 부린다.

"다찌노미*면 여섯 잔은 되지요!"

"흐흥 너는 해장도 못 하겠구나!"

"그런데 별안간 술 말은 왜 하우?"

"취도록 먹자면 얼마나 될까?"

---

* 다찌노미 '술, 물 등을 서서(일어선 채로) 마신다' 는 뜻의 일본말.

R형은 두 손으로 머리 뒤에 깍지를 끼면서 혼자말처럼 뇌였다. 나는 서슴지 않고,

"그야 짐작이 있소!"

맞장구는 쳤으나 무슨 수수께끼인지 알 수 없었다. R형은 술이라면 금주회원 이상의 반대자다. 내가 술 먹는 것은 더욱 금하던 사람인데 나더러 술 살 돈이 있느냐고 묻는 것은 참 뜻밖이다. 무슨 수작인가? 전화로 할 말이 있다더니 그 말은 끊어지고 술 말을 끄집어 내니 아까 전화의 의심은 좀 풀리는 것 같기도 하나, 내가 술을 먹는다고 비꼬지나 않나 하는 의심도 없지 않았다. 그러나 평시보다 가라앉고 화색이 스러진 그 낯빛을 보면 무슨 불평이 있는 듯이도 생각되었다.

"돈은 없지만 술이야 없겠소. 갑시다. H군에게 가서 등을 칩시다. 그 주인 집에 술이 있으니!"

실상 말하자면 나는 목도 말랐고, 또 R형의 술 먹는 것이 보고도 싶었다. 두 사람은 집을 나섰다. 어느 새 거리에는 전등이 켜졌다. 광화문을 지나다가 나는 또 물었다.

"전화로 한다던 말은 무어요?"

"잔소리 퍽 한다. 차츰 말 안 하리?"

핀잔을 주는 바람에 나는 그만 기가 죽었다.

H군은 있었다. 우리의 목적은 아무 거침 없이 이루어졌다.

나는 낯이 붉어져서 씨근덕씨근덕 하면서도 술잔을 주는 대로 받아 마셨다. 내 신경은 무엇이 무엇인지를 분간할 수 없이 흐리멍텅하게 마취되었다.

"이제 정말 취했구나!"

R형은 나를 보고 빙긋하더니,

"자! 전화로 하자던 말은 이것이다."

하면서 엽서 한 장을 꺼내 준다.

―― 백금이 사월 열나흘날 죽었다. 너는 잘 아는 터이니 동정을 보아서, 백금이 아버지에게 이 말을 전해도 좋고 전하지 않더라도 괜찮다. 하여튼 백금이 아버지의 감정을 상하게는 말어라. ――

나는 술기운이 몽롱한 눈으로 읽었다. R형은 전등을 쳐다보는 나를 한참 보더니,

"내가 떠날 때 어머니가 성진에 나오셨는데, 그 때는 그년(백금)이 무탈하더니* 죽었구나! 에헴! 내가 회령 갔을 때 목욕탕을 찾아가던 것이 어제 같은데!"

하고 가벼운 한숨을 쉰다. 그의 눈은 움직이지 않는 것이 옛 기억을 좇는 듯하였다. 술에 마취된 나는 얼떨떨한 것이 그저 가슴만 뭉깃할 뿐이었다. 나는 흥! 빙긋 웃으면서 그 엽서를 쭉쭉 찢어 버리고 그 자리에 쓰러졌다.

왁자지껄하는 소리에 눈을 뜨니 창에는 햇빛이 벌겋고 밖에는 사람들 소리가 요란하다. 나는 오장을 벤 듯이 속이 쓰리고 머리가 띵한 것이 지금 저녁때인지 아침인지 분간치 못하다가, 정신이 차차 맑아져 내가 누운 곳이 H군 방이라는 것을 깨달으니, 어제 저녁 기억이 점점 분명하게 떠올랐다. 모든 것이 한바탕 꿈 속 같았다.

"백금이가 죽어?"

나는 나도 알 수 없이 혼자 뇌면서 눈을 감았다. 미닫이 열리는 소리가 드륵 나더니

"이 사람 어서 일어나게나!"

H군이 소리를 치면서 내가 덮은 담요를 벗긴다. 나는 벌떡 일어났다. 그는 어느 새 낯을 씻고 수건질을 하면서,

"자네 웬 술을 그리 먹나? 그 큰일났네! 허허."

---

* 무탈하다 병이나 변고가 없다.

H군은 한바탕 웃었다.

"흥! 술 먹는 자는 행복이니라! 고통을 모르니 행복이니라! 허허."

"미친 녀석! 저 한길 가에 나서서 외쳐라!"

"응! 내가 예수였더라면 무리들아, 미치라! 아니어든 술을 마시라…… 아멘! 했을 테다. 하하하……."

나는 H군과 같이 크게 웃었으나, 가슴에는 못이 박힌 듯이 찡했다.

6

날이 가고 달이 갈수록 내 가슴에 박힌 검은 못은 더 커지고 더 굳어진다. 하기 방학에 고향 갔다 온 생질녀가 전하는 말을 듣고는 더욱 질렸다.

"백금이는 죽을 때 약을 안 먹으려고 떼를 쓰다가, 백금아, 이 약을 먹고 아버지 있는 데로 가자 하니까 벌떡 일어나서 꿀꺽꿀꺽 마시더래요! 그리고 그전에도 할머니가 새 옷만 입으시면 할머니! 아버지 있는 데 가니? 응, 할머니! 아버지 어디 갔나? 하고서는 울더래요."

말을 마치지 못하여 생질녀는 눈물을 씻었다.

나는 온몸이 꽁꽁 얼고 오장에 얼음 덩이가 묵직이 차는 듯하더니, 가슴에서 현기가 핑핑 돌면서 간장이 찢기는 듯했다.

나는 이를 빡 갈았다. 가슴을 힘껏 쳤다. 소리를 아앙 지르고 뛰어다니면서 닥치는 대로 짓밟았으면 가슴이 풀릴 것 같았다. 눈물이 나고 소리가 난다는 것도 어느 정도지, 이렇게 되고 보니 속으로 은근히 피만 터진다. 나는 한참 만에 한숨을 휴 쉬었다. 오장을 울려 나오는 그 숨은 숨이 아니라 피비린내 엉킨 검은 연기였다.

작년 내가 떠날 때에 그는 네 살이었으니 지금은 다섯 살이다. 그 어린 가슴에 아버지 생각 나는 정이 얼마나 애통하고 아쉬웠으면 그처럼 하였으랴? 그가 제 가슴에 헤칠 만한 말을 할 줄 알았더면 그 말은 말이 아니라 피였을 것이다.

"에구 아저씨, 왜 낯빛이 저래요? 제가 공연한 말씀을 여쭈어서……."

생질녀는 눈이 동그래졌다.

"아니다."

나는 이렇게 뇌었으나 그 때문에 괴롬이 조금도 덜하지는 않았다.

집 떠난 지 두 해에 한 일이 무엇이냐? 나는 이렇게 생각하는 때면 큰 죄를 짊어진 사람같이 양심의 가책을 몹시 받는다. 온 식구가 내 몸에 칼을 박는다 하여도 대답할 말이 없다.

지금까지 이웃집 어린애 소리만 나도 가슴이 떨리고 오장이 찢기는 듯하다. 이 현상은 내 기억이 스러지기 전에는 이 눈에 흙이 들기 전에는 늘 있을 것이다. 그리고 간신히 백금의 수척한 꼴, 아내의 흘긴 눈, 가슴을 치는 어머니의 모양이 내 눈앞을 언뜻언뜻 지나간다.

나는 그 때마다 주먹을 부르쥐고 몸을 부르르 떨면서 세상을 노려본다.

오오, 백금아!
너는 내 맘 속에 늘 있어라!
너는 영원히 나의 딸이요, 나의 힘이다.

큰물 진 뒤

1

닭은 두 해째 울었다. 모진 비바람 속에 울려 오는 그 소리는 별다른 세상의 소리 같았다.

비는 그저 몹시 퍼붓는다. 급하여 가는 빗소리와 같이 천장에서 새어 내리는 빗방울은 뚝뚝 뚝뚝 먼지 구덩이 된 자리 위에 떨어진다. 그을음과 빈대 피에 얼룩덜룩한 벽은 새어 내리는 비에 젖어서 어스름한 하늘에 피어 오르는 구름발 같다. 우우 하고 불어오는 바람에 몰리는 빗발은 간간이 쏴 하고 서창을 들이쳤다.

"아이구 배야! 익힝 응 아구 나 죽겠소!"

윤호의 아내는 몸부림을 치면서 이를 빡빡 갈았다. 닭 울 때부터 신음하는 그의 고통은 점점 심하여졌다. 두 손으로 아랫배를 누르고 비비다가도 그만 엎드려서 깔아 놓은 짚과 삿자리*를 박박 긁고 뜯는다. 그의 손가락 끝은 터져서 새빨간 피가 삿자리에 수를 놓았다.

---

* 삿자리 갈대를 엮어서 만든 자리.

"에고고! 내 엄마! 윽윽 아이구 여보!"

그는 몸을 벌컥 일어서 윤호의 허리를 껴안았다. 윤호는 두 무릎으로 아내의 가슴을 받치고 두 팔에 힘을 주어서 아내의 겨드랑이를 추켜 안았다. 윤호에게는 이것이 첫 경험이었다. 어머니며 늙은 부인들께 말로는 들은 법하나 처음으로 당하는 윤호의 가슴은 알 수 없는 두려움이 두근두근하였다. 그에게는 과거도 미래도 없었다. 침통과 우울과 참담과 공포가 있을 뿐이었다. 미구에 새 생명을 얻으리라는 기쁨은 이 잘나에 싹도 볼 수 없었다.

"여보! 내가 가서 귀둥녀 할미를 데려오리다, 응."

"아니 여보! 아이구!"

아내는 윤호의 허리가 끊어지도록 안았다. 그의 낯은 새파랗게 질렸다. 아내의 괴로움만큼 윤호도 괴로웠다. 아내가 악을 쓸 때면 윤호도 따라 힘을 썼다. 아내가 몸부림을 하고 자기 허리를 꽉 껴안을 때면 윤호도 꽉 껴안았다.

윤호는 누울 때 지나서부터 몹시 괴로워하는 아내를 보고 옛적 산파로 경험이 많은 귀둥녀 할미를 불러오려고 하였다.

그러나 아내의 고통은 각일각 괴로워 가는데 보아 줄 사람은 하나도 없고 게다가 비바람이 어떻게 뿌리는지 촌보를 나아갈 수 없어서 주저하였다. 윤호는 아내의 생명이 끊기고야 말 것같이 생각되었다. 어수선한 짚자리 위에 뻐득뻐득하다*가 어린 목숨을 낳다 말고 두 어미 새끼가 뒈지는 환상이 보였다. 따라서 해산으로 죽은 여러 사람의 기억이 떠올랐다. 그는 몸을 부르르 떨면서 아내를 더욱 꽉 껴안았다. 마음대로 하는 수 있다면 아내의 고통을 나누고 싶었다. 괴로운 신음 소리와 같이 몸부림을 탕탕 하는 것은 자기의 뼈와 고기를 싹싹 에어내는 듯해

---

* **뻐득뻐득하다** 자빠지거나 주저앉거나 매달려서 팔다리를 크게 뻗지르며 마구 몸을 움직이다(북한말).

서 차마 볼 수 없었다.

"끽! 응! 으응! 윽! 아이구! 억억."

아내는 더 소리를 못 지른다. 모들뜬* 두 눈은 무엇을 노려보는 듯이 똥그랗게 되었다. 숨도 못 내쉬고 이를 꼭 깨물고 힘을 썼다.

"으아!"

퀴지근한 비린 냄새가 흐르는 누런 불빛 속에 울리는 새 생명의 소리! 어둔 밤 비바람 소리 속의 그 소리! 윤호는 뵈지 않는 큰 물결에 싸이는 듯하였다.

"무에요?"

신음 소리를 그치고 짚자리 위에 누웠던 아내는 머리를 갸우드름하여* 사내를 쳐다보았다. 새빨간 핏방울을 번질번질 쏟친* 볏짚 위에 떨어진 어린 생명은 꼼지락꼼지락하면서 빽빽 소리를 질렀다. 윤호는 전에 들어 두었던 기억대로 푸른 헝겊으로 탯줄을 싸서 물어 끊었다.

"응! 자지가 있네……, 히히히."

윤호는 때 오른 적삼에 어린것을 싸면서 웃었다.

"흥, 호호……."

아내는 웃으면서 허리를 구부정하여 어린것을 보았다. 이 찰나, 침통과, 우울과, 공포가 흐르는 이 방 안에는 평화와 침묵이 흘렀다. 윤호는 무엇을 끓이려고 부엌으로 내려갔다.

우우 쏴 —— 빗발이 서창을 쳤다. 젖은 벽에서는 흙점이 철썩철썩 떨어졌다. 어디서 급한 물소리와 같이 수수거리는* 소리가 들렸다. 그 소리는 봄비 속에 개구리 소리같이 점점 높이 들렸다. 윤호는 눈을 둥그렇게 뜨면서 귀를 기울였다.

---

* 모들뜨다 두 눈의 동자를 한쪽으로 모아서 앞을 바라보다.
* 갸우드름하다 무엇을 보려고 자꾸 고개를 기울이다.
* 쏟치다 '쏟다'를 강조하여 이르는 말.
* 수수거리다 시끄럽고 떠들썩하여 정신이 어지럽다.

"윤호! 윤호! 제방이 터지니 어서 나와!"

그 소리는 윤호에게 청천의 벽력이었다. 그는 뛰어나갔다. 이 순간 그의 눈앞에는 퍼런 논판이 떠올랐다. 그 밖에 아무것도 생각나지 않았다. 그는 마당 앞으로 몰켜 지나가는 무리에 뛰어들었다. 어디가 하늘! 어디가 땅! 창살같이 들이치는 비! 몰려오는 바람! 발을 잠그는 진창! 그 속에서 고함을 치고 어물거리는 으슥한 그림자는 수천만의 도깨비가 횡행하는 섯 같다.

2

모든 사람들은 침침 어둔 빗속을 헤저어서 마을 뒤 방축으로 나아갔다. 더듬더듬 방축으로 기어올라갔다. 물은 보이지 않았다. 손과 발로 물 형세를 짐작할 뿐이었다. 꽐꽐 철썩 출렁, 꽐꽐 하는 물소리는 태산을 삼키고 대지를 깨칠 듯하다.

"이거 큰일 났구나!"

"암만해도 넘겠는데!"

이 입 저 입으로 흘러 나왔다. 그 소리는 위대한 자연의 힘 앞에 인력의 박약을 탄식하는 듯하였다.

"자! 이러구만 있겠소? 그 버들을 찍어라! 찍어서 여기다가 눕히자!"

우렁찬 소리가 들렸다.

"가만 있자! 한짝에는 섬*에다가 돌을 넣어다가 여기다가 막읍시다."

"떠들지 말구 빨리 합시다."

탁탁 나무 찍는 도끼 소리가 났다. 한편에서는 섬을 메어 올렸다. 윤

---

*섬 곡식을 담기 위하여 짚으로 엮어 만든 그릇.

호는 찍은 나무를 끌어다가 가장 위태로운 곳에 뉘었다.

빗소리, 물소리, 바람 소리, 어둠 속에서 흥분된 모든 사람들은 죽기로써 힘을 썼다.

이 방축에 이 마을의 운명이 달렸다. 이 방축 안에 있는 논과 밭으로 이백이 넘는 이 마을 집이 견디어 간다. 그런 까닭에 해마다 가을 봄으로 이 마을 사람들은 이 방축에 품을 들여서 천만 년 가도 허물어지지 않게 애를 써 왔다. 그뿐만 아니라 이리로 바로 쏠리는 물길을 방축 건너편 산 아래로 돌리기까지 하였다.

이렇게 쌓은 공이 하루 아침에 무너졌다. 작년 봄에 이 마을 밖으로 철도가 났다. 그 때문에 저편 산 아래로 돌려 놓은 물은 철교를 지나서 이 마을 뒷방축을 향하여 바로 흐르게 되었다. 이 때문에 촌민들은 군청, 도청, 철도국에 방축을 더 굳게 쌓아 주든지, 철교를 좀 비스듬히 놓아서 물길이 돌게 하여 달라고 진정서를 여러 번이나 들였으나 조금의 효과도 얻지 못하였다. 작년 여름 물에 이 방축이 좀 터졌으나 호소할 곳이 없었다. 그 뒤로 비만 내리면 촌민들은 잠을 못 자고 방축을 지켰다.

"이, 이 이게 어쩐 일이냐? 응!"

"터지는구나! 이크 여기는 벌써 터졌네!"

"힘을 써라! 힘을 써라! 이게 터지면 우리는 죽는다. 못 산다!"

초초 분분 불어 가는 물은 콸콸 소리를 치면서 방축을 넘었다. 바람이 우우 몰려왔다. 비는 여러 사람의 낯을 쳤다. 모두 흑흑 느끼면서 낯을 가리고 물을 뿜었다.

쏴 꽐꽐꽐.

"여기도 또 터졌구나."

모두 그리로 몰렸다. 아래를 막으면 위가 터지고 위를 막으면 아래가 터진다. 터지는 것보다 넘치는 물이 더 무서웠다.

"이키 여기 발써 물이 길이나 섰구나."

거무칙칙하여 보이지 않는 논판에서 누가 부르짖었다.

이제는 누구나 물을 막으려는 사람이 없다. 어둠 속에 히슥한 그림자들은 창살 같은 빗발을 받고 가만히 서 있었다. 모진 바람이 한바탕 지나갔다. 모든 사람들은 굳센 물결이 무릎을 잠그고 궁둥이를 잠글 때 부르르 떨었다.

윤호도 방축을 넘는 물 속에 박은 듯이 서 있었다. 꺼먼 그의 눈앞에는 물 속에 들어가는 논이 보였다. 떠내려가는 집들이 보였다. 아우성치는 사람이 보였다. 이 환상을 볼 때 그는 으응 부르짖으면서 방축에서 내려뛰었다. 방축 아래 내려서니 살같이 흐르는 물이 겨드랑이를 잠근다. 그는 돌인지 물인지 길인지 밭인지 빠지고 거꾸러지면서 집 마을을 향하고 뛰었다. 이 모퉁이 저 모퉁이에서 물을 헤저어 나가는 아우성 소리가 빗소리와 같이 요란하건만 그에게는 들리지 않았다. 그의 눈앞에는 물 한 모금 못 먹고 짚자리 위에 쓰러진 두 생령의 환상이 보일 뿐이다. 그는 환상을 보고 떨 뿐이다. 그 환상은 누런 진흙물 속에 쓰러진 집에 치어서 킥킥 버둥걸치는 형으로도 나타났다. 그는 주먹을 부르쥐고 이를 악물었다. 윤호는 자기 집 마당에 다다랐다.

불빛이 희미한 창 속에서 어린애 울음이 들렸다. 창에 비친 불빛에 누릿한 물은 흙마루를 지나 문턱을 넘었다.

윤호는 방으로 뛰어 들어갔다. 방에는 물이 흥건히 들었다. 아내는 물 속에서 애를 안고 어쩔 줄을 몰라한다. 물은 방 안에 점점 들어온다. 어디서 쏴아 소리가 들렸다. 돌아보니 뒷벽이 뚫어져서 물이 디미는* 소리였다. 윤호는 아내를 둘러업고 애기를 안았다. 이 때 초인간적 굳센 힘이 그를 지배하였다. 그는 문을 차고 밖으로 뛰어나왔다. 어느 새

---

* 디미는 들이미는.

물은 허리에 감겼다. 물살이 어떻게 센지 소 같은 장사들도 견디기 어려울 지경이었다. 그는 쓰러졌다가는 일어서고 일어섰다가는 쓰러지면서 물 속을 헤저어 나갔다. 팔에 안은 것이 무엇이며 등에 업은 것이 누구라는 것까지 이 찰나에 의식치 못하였다. 의식적으로 업고 안은 것이 이제는 기계적으로 놓지 않게 되었다.

3

동이 텄다. 사방은 차츰 훤하여졌다. 거무칙칙하던 구름이 풀리면서 퍼붓는 듯하던 비가 실비로 변하더니 이제는 안개비가 되었다. 바람도 잤다.

마을 사람들은 거지반 마을 앞 조그마한 산에 몰렸다. 밝아 가는 새벽빛 속에 최최해서* 어물거리는 사람들은 갈 바를 몰라 한다. 누구를 부르는 소리! 울음소리! 신음하는 소리에 수라장*을 이루었다.

윤호는 후줄근한 풀 위에 아내를 뉘었다. 어린것도 내려놓았다. 참담한 속에서 고고성*을 지른 붉은 생명은 참담한 속에서 소리없이 목숨이 끊겼다. 찬비와 억센 물에 쥐어짠 듯이 된 윤호 아내는 싸늘한 어린것을 안고 흑흑 느낀다. 윤호는 아무 소리 없이 붙안고 우는 어미 새끼를 물끄러미 보았다. 그의 가슴은 저리다 못해 무엇이 뭉킷* 누르는듯 하고 머리는 띵한 것이 눈물도 나지 않고 말도 나오지 않았다.

날은 다 밝았다. 눈앞에 뵈는 것은 우뚝우뚝한 산을 남겨 놓고는 망

---

* **최최해서** 몹시 초라해서.
* **수라장**(修羅場) 싸움이나 그 밖의 다른 일로 큰 혼란에 빠지는 곳 또는 그런 상태.
* **고고성**(高高聲) 높은 목소리.
* **뭉킷** '뭉클'의 거센 느낌. 슬픔이나 노여움 따위의 감정이 북받쳐 가슴이 갑자기 꽉 차는 듯한 느낌.

망한 물판이다. 어디가 논? 어디가 밭? 어디가 집? 어디가 내? 누런 물이 세력을 자랑하는 듯이 좔좔 흐른다. 널쪽, 궤짝, 짚가리, 나뭇단, 넓다란 초가지붕, 온갖 것이 둥둥 물결을 따라 흘러내린다.

저편 버드나무 속으로 흘러 나오는 집 위에는 계집 같기도 하고 사내 같기도 한 사람 서넛이 이편을 보고 고함을 치는지 손을 내두르고 발을 구른다. 갠지 돼지인지 자맥질쳐서 이리로 나온다.

사람 실은 지붕은 슬슬 내리다가 물 위에 머리만 봉긋이 내놓은 버드나무에 닿자마자 그만 물 속에 쑥 들어 가더니 다시 떠오를 때에는 여러 조각이 났다. 그 위의 사람의 그림자는 다시 볼 수 없었다. 그 저편에도 두엇이나 탄 지붕인지 짚가리인지 흘러간다. 그러나 누구 하나 그것을 건지려는 사람은 없다. 윤호의 곁에 있는 한 오십 되어 뵈는 늙은 부인은,

"에구 끔찍해라! 에구 내 돌쇠야! 흑흑."

하면서 가슴을 치고 땅을 친다. 어떤 젊은 부인은 어린것을 업고 흑흑 울기만 한다. 사내들도 통곡하는 사람이 있다. 밥 달라고 우는 어린것들도 있다. 어떤 사람은 멍하니 서서 질펀한 물판을 얼없이* 보기도 하고 어떤 사람은 질펀한 물판에 앉아서 담배만 풀썩풀썩 피우기도 한다. 풀렸다가는 엉키고 엉켰다가는 풀리는 구름 사이로 푸른 하늘이 보이면서 둔탁한 굵은 볕발이 누른* 무지개 모양으로 비치었다. 안개비도 개었다.

"여보! 울면 뭘하우, 그까짓 죽은 것 생각할 게 있소? 자 울지 마오, 산 사람은 살아야 안 쓰겠소?"

이렇게 아내를 위로하나 그도 슬펐다. 물 한 모금 못 먹인 아내를 생각하든지 제 명에 못 죽은 아들! 현재도 현재려니와 이제 어디를 가랴?

---

* 얼없이 정신없이. 멍하니.
* 누른 누런 색깔의.

일 년 내 피와 땀을 짜 받아서 지은 밭이 하룻밤 물에 형적조차 남기지 않았으니 이 앞일을 어찌하랴? 그는 생각하면 생각할수록 슬펐다. 슬픔에 슬픔을 쌓은 그 슬픔은 겉으로 눈물을 보내지 않고 속으로 피를 짰다. 그는 어린 주검을 소나무 아래 갖다 놓고 솔잎으로 덮어 놓았다. 그 주검을 뒤에 두고 나오니 알 수 없이 발이 무거웠다.

　이른 아침때가 되어서부터 윤호의 아내는,

　"아이구 배야! 배야!"

하고 구른다. 어물어물하는 사람은 많건만 모두 제 설움에 겨워서 남의 괴로움을 돌볼 새가 없다.

　"허허, 이것 안 되겠군! 산후에 찬물을 건네고 사람이 살 수 있겠소! 별 수 없으니 어서 업구서 넘엇마을로 가 보."

　웬 늙은이가 곁에 와서 구르는 아내를 붙잡아 주면서 걱정한다.

　윤호는 아내를 업었다. 새벽에는 아내를 업고 애를 안고 그 모진 물속을 헤저어 나왔건만 인제는 일 마장도 갈 것 같지 못하다. 더구나,

　"아이구! 배야!"

하면서 두 어깨를 꽉 끌어당기면서 몸을 비비틀면 허리가 휘친휘친*하고 다리가 휘우뚱거려서 어쩔 수 없다. 그는 땀을 흘리면서 조그마한 고개를 넘어 왔다. 거기는 십여 호나 되는 조그마한 동리가 있다. 벌써 물에 쫓긴 사람들은 집집이 몰려들었다. 윤호는 어느 집 방을 겨우 얻어서 아내를 뉘어 놓았다.

　누가 미음을 쑤어다 주는 것을 먹었으나 아내는 한 모금 못 먹고 그저 신음한다. 의원을 데려다가 침, 뜸, 약 —— 힘자라는 데까지 손을 써 보았으나 소용이 없었다. 낮부터 비는 또 쏴르륵 내렸다.

▎ *휘친휘친* 거늘고 긴 나뭇가지 따위가 탄력있게 크게 휘어지면서 자꾸 흔들리는 모양(북한말).

4

괴로운 사흘은 지나갔다.

집을 잃고 밭을 잃고 부모를 잃고 처자를 잃은 무리들은 거기서 삼십 리나 되는 읍으로 나갔다. 윤호도 그 중의 한 사람이었다. 그네들은 읍에 나가서 정거장의 노동자, 물지게꾼, 흙질꾼, 구들 고치는 사람 이렇게 그날 그날을 보내었다. 어떤 자는 이 집 저 집으로 돌아다니면서 밥을 빌어 먹었다. 윤호는 집 짓는 데 돌아다니면서 흙을 져 날랐다. 그의 아내의 병은 나날이 심하였다. 바짝 말랐던 사람이 퉁퉁 부어서 멀겋게 되었다. 그런 우중 눅눅한 풀막 속에서 변변히 먹지도 못하고 간병하는 손도 없으니 그 병의 회복을 어찌 속히 바라랴!

윤호가 하루는 아내의 병구완으로 한잠도 못 자고 밤새껏 애쓰다가 아침을 굶고 일터로 나갔다. 하루 오십 전을 받는 일이언만 해뜨기 전에 나와서 어두워야 돌아간다. 그 날 아침에는 흙을 파서 담는데 지겟다리가 부러져서 그 때문에 한 시간 동안이나 흙을 못 날랐다. 그새에 다른 사람은 세 짐이나 더 지었다.

"이놈은 눈깔이 판득판득*해서 꾀만 부리는구나!"

양복 입은 감독은 늦게 온 윤호를 보고 눈을 굴렸다. 윤호는 아무 대답 없이 흙을 부어 놓고 돌아서 나왔다. 나오려고 하는데 감독이 쫓아 나오더니 앞을 딱 막아서면서,

"왜 늦게 댕겨!"

꺼드럭꺼드럭 하는 서울말로 툭 쏘았다.

"네, 지겟다리가 부러져서 그거 고치느라구 늦었습니다."

"뭘 어쩌구 어째? 남은 세 지게나 졌는데 어디가 낮잠을 잤어?……

---

* 판득판득 순간적으로 조금씩 번쩍이는 모양.

그놈 핑계는 바루!"

"정말이외다. 다른 날 언제 늦게 옵데까? 늘 남 먼저 오잖았소……."

"이놈아, 대답은 웬 말대답이냐? 응 다른 날은 다른 날이고 오늘은 오늘이지! 돈이 흔해서 너 같은 놈을 주는 줄 아니?"

하더니 윤호의 여윈 뺨을 갈겼다. 윤호는 뺨을 붙잡고 가만히 서 있었다.

"이놈아, 너 같은 놈은 일없다. 가거라."

하더니 주먹으로 윤호의 미간을 박으면서 발을 들어 배를 찼다.

"아이구! 으응응 흑흑."

윤호는 울면서 지게진 채 땅에 거꾸러졌다. 그의 코에서는 시뻘건 선지피가 콸콸 흘렀다. 일꾼들은 모두 이편을 보았다. 같은 지게꾼들은 무슨 승수*나 난 듯이 더 분주하게 져 나른다.

"이놈아 가! 가거라!"

감독은 독살이 잔뜩 엉긴 눈으로 윤호를 보더니 사방을 돌아보면서,

"뭘 봐? 어서 일들 해! 도모 조센징와 다메다! 스루쿠테 다메다*!"

하는 바람에 일꾼들은 조심조심히 일에 손을 대었다.

눅눅한 검은 땅을 붉고 뜨거운 코피로 물들인 윤호는 일어섰다. 코에서는 걸디건 피가 그저 뚝뚝 흘렀다. 그의 흙투성이 된 옷섶은 피투성이가 되었다. 그는 머리를 숙이고 한참이나 서서 무엇을 생각하더니 빈 지게를 지고 어청어청 아내가 누웠는 풀막으로 돌아갔다.

윤호는 지게를 벗어서 팔매를 치고* 막 안으로 들어갔다. 어둑한 막 안에서 신음하던 아내는 눈을 비죽이 떠서 윤호를 보더니 목구멍을 겨우,

---

* 승수(勝數) 이길 운수. 좋은 운수.
* 도모 조센징와 다메다! 스루쿠테 다메다! 아무래도 조선인은 안 돼! 뻔뻔스러워 안 돼!
* 팔매를 치다 팔을 흔들어서 멀리 던지다.

"여보, 어째 그러오? 그게 어쩐 피요?"

하고 묻는다. 윤호는 아무 대답 없이 아내의 곁에 드러누웠다. 모두 귀찮았다. 세상만사가 다 귀찮았다. 죽는다 해도 꿈만 하였다*.

"네? 어째 그러오?"

그러나 재차 묻는 부드러운 아내의 소리에 대답 안 할 수가 없었다.

"응, 넘어져서 피가 터졌소!"

윤호의 소리가 그치자 아내는 훌쩍훌쩍 운다. 윤호의 가슴은 칼로다 빡빡 찢는 듯하였다. 그는 알 수 없는 커단 것에 눌리는 듯하였다. 무엇이 코와 입을 쫙 막는 듯이 호흡조차 가빴다. 그는 온몸에 급히 힘을 주면서 눈을 번쩍 떴다. 아무것도 없었다. 그저 으스름한 속에 넌들넌들* 드리운 풀포기가 있을 뿐이다. 그는 눈을 다시 감았다. 모든 지내온 일이 눈앞과 머릿속에 방울이 져서 떠올라서는 툭 터져 버리고 터져 버리곤 한다. 자기는 이때까지 남에게 애틋한 일, 포악한 일을 한 적이 없었다. 싸움이면 남에게 졌고 일이면 보다 더 많이 하였다. 자기가 어려서 아버지 돌아갈 때 밭뙈기나 있는 것을 삼촌더러 잘 관리하였다가 자기가 크거든 주라고 한 것을 삼촌은 그대로 빼앗고 말았다. 그러나 자기는 가만히 있었다. 동리 심부름이라는 심부름은 자기와 아내가 도맡아하여 왔다. 그래도 잘못한 일이 있으면 자기와 아내가 홀로 책망과 욕을 들었다. 선한 일을 하면 복을 받는다. 부지런하면 부자가 된다. 남이 욕하든지 때리든지 가만히 있어라. —— 이러한 것을 자기는 조금도 어기지 않고 지켜 왔다. 그러나 오늘은 이때까지 자기에게 남은 것은 풀막 —— 그것도 제 손으로 지은 것 —— 병, 굶음, 모욕밖에 남은 것이 없다. 집을 바치고 밭을 바치고 힘을 바치고 귀중한 피까지 바치면서도 가만히 순종하였건만 누가 하나 이렇다 하는 이가 없었다. 오히려 이때

---

* 꿈만 하였다 꿈만 같았다.
* 넌들넌들 여러 가닥으로 끈기있게 늘어져 있는.

까지 자기가 본 경험으로 말하면 욕심 많고, 우락부락하고, 못된 짓 잘하는 무리들은 잘 입고 잘 먹고 잘 쓴다. 자기에게 남은 것은 이제 실낱 같은 목숨뿐이다. 아내뿐이다. 그러나 그것도 이렇게 되고서는 몇 달을 보증하랴! 까딱하면 목숨까지 버릴 것이다. 목숨까지 바쳐? 이 목숨! 여기까지 생각하고 그는 몸을 부르르 떨면서 주먹을 쥐었다.

"응! 그는 못 해!"

그는 혼잣소리같이 뇌이면서 머리를 흔들었다. 사실이다. 목숨까지 바치기는 너무도 억울하다. 자기가 왜 고생을 했나? 목숨이다! 이 목숨을 아껴서 무슨 고생이든지 하였다. 목숨을 바치면 죽는 것이다. 죽고도 무엇을 구할까?

그러나 그저 이대로 있어서는 살 수 없다. 병으로 살 수 없고 배고파 살 수 없고 결국 목숨을 바치게 된다. 이 때 그의 머리에는 떠오르는 것이 있었다. 눈앞에 보이는 환상이 있었다. 그의 해쓱한 낯에는 엄연한* 빛이 어리고 다정스럽던 두 눈에는 독기가 돌았다. 그는 다시 입술을 깨물고 주먹을 쥐었다.

5

초승달이 재를 넘은 지 벌써 오래 되었다. 훤히 갠 하늘에 별빛은 푸근히 보였다. 사면은 고요하다. 이슬에 눅눅한 대지 위에 우뚝이 솟은 건물들은 잠잠한 물 위에 뜬 듯이 고요하다. 멀리 뭉긋이 보이는 산날*은 하늘 아래 굵은 곡선을 그었다.

세상이 모두 잠자는 이 때 집 마을에서 좀 떠나 으슥한 수수밭 머리

---

* 엄연(儼然)하다 겉모양이 장엄하고 엄숙하다.
* 산날 '산등성이' 의 북한말.

에 풀포기를 모아 얽어 놓은 조그만 막 속으로 나오는 그림자가 있다. 그 그림자는 막 앞에 나서서 한참 주저거리더니 수수밭 머리에 훤히 누워 있는 큰길을 건너서 조와 콩이 우거진 밭 속으로 몸을 감추었다.

사면은 다시 쥐 하나 얼른거리지 않는다. 스르륵 스르륵 서로 부딪치는 좃대소리*는 귀담아듣는 이나 들을 것이다. 먼 데서 울려오는 개짖는 소리는 딴 세상의 소리 같다.

한참 만에 집마을 가까운 조밭 속으로 아까 숨던 그림자가 다시 나타났다. 그 그림자는 으슥한 집집 울타리 그림자 속으로 살근살근 그러나 민활하게 이 집 저 집 이 골목 저 골목으로 지나간다. 가다가는 한참이나 서서 주저거리다가도 또 간다. 기단 골목의 여러 집을 지나서 나오는 그림자는 현등*이 드문드문 걸린 거리에 이르더니 썩 나서지 못하고 어떤 집 옆에 서서 앞뒤를 보고 아래위를 본다. 거리는 고요하다. 집집이 문을 채웠다.

저 아래편에 아득히 보이는 파출소까지 잠잠하였다. 한참 주저거리던 그림자는 얼른얼른 거리를 뛰어 건너서 맞은편 어둑한 골목으로 들어섰다. 그를 본 사람은 아무도 없었다. 그러나 거리의 말없는 현등만은 그가 누군 것을 알았다. 그는 윤호였다.

윤호는 몇 걸음 걷다가는 헝겊에 뚤뚤 감아서 허리띠에 지른 것을 만져 보았다. 만질 때마다 반짝 서릿발 같은 그 빛을 생각하고 몸을 떨면서 발을 멈추었다. 뒤따라 새빨간 피, 째각째각 칼소리를 치고 모여드는 붉은 눈! 잔뜩 얽히는 자기 몸을 생각지 않을 수 없었다. 그보다도 칼 밑에 구슬피 부르짖고 쓰러지는 생령을 생각하면 가슴이 뭉킷하고 온 신경이 찌릿찌릿하였다.

'아 못 할 일이다! 참말 못 할 일이다! 내가 살자고 남을 죽여?'

---

* 좃대소리 조대(조의 줄기)가 부딪치는 소리.
* 현등(懸燈) 등불을 높이 매닮.

그는 입 안으로 중얼거리면서 발끝을 돌렸다. 그러다가도 자기의 절박한 처지라거나 자기가 목표삼고 나가는 대상들의 하는 짓들을 생각할 때면 그 생각이 뒤집혔다.

'아니다. 남을 안 죽이면 내가 죽는다. 아내는 죽는다. 응, 소용 없다. 선한 일! 죽어서 천당보다 악한 짓이라도 해야 살아서 잘 먹지! 그놈들도 다 못된 짓 하고 모은 것이다. 예까지 왔다가 가다니?'

이렇게 생각하면 풀렸던 사지가 다시 긴장되었다. 그는 다시 앞으로 걸었다. 집에서 떠나면서부터 이리하여 주저한 것이 오륙 차나 되었다.

윤호는 커다란 솟을대문 앞에 다다랐다. 그는 급한 숨을 죽여 가면서 대문을 뒤두고* 저편 높다란 싸리울타리 밑으로 갔다. 그의 가슴은 두근두근하고 사지는 떨렸다. 귀밑 맥이 툭탁툭탁하면서 이가 덜덜 솟긴다*.

"에라 그만둬라. 사람으로서 차마!"

그는 가슴을 누르고 한참 앉았다. 한참 만에 그는 우뚝 일어섰다. 두 팔을 쪽 폈다. 몸을 부쩍 솟는 때에 싸리가 부서지는 소리, 우쩍하자 그의 몸은 울타리 위에 올라갔다.

마루 아래서 으응 하고 으릉대던 개가 울타리 안에 그림자가 얼른하는* 것을 보더니 으르릉 엉웡웡 하면서 내닫는다.

"으흥! 이 개!"

방에서 우렁찬 사내 소리가 들렸다. 윤호는 얼른 고기를 꿰어 가지고 온 낚시를 집어 던졌다. 개는 집어 먹었다. 낚시에 걸린 개는 낚싯줄을 잡아당기는 대로 꼼짝 소리를 못 지르고 느른히 쫓아다닌다. 낚싯줄을 울타리 말뚝에 잡아맨 윤호는 살금살금 마루로 갔다. 그리 몹시 두근거

---

* 뒤두다 뒤에 남겨 두다.
* 솟기다 아래 윗니를 딱딱 마주 찧다.
* 얼른하다 물이나 거울 따위에 비친 그림자가 자꾸 흔들리다.

리던 그의 가슴은 끓고 난 뒤의 물같이 잠잠하였다. 두 눈에서 흐르는 이상한 빛은 어둠 속에서 번쩍 하였다. 그는 마루 아래 앉더니 허리끈에 지른 것을 빼어서 슬금슬금 풀었다. 넓직한 헝겊이 다 풀리자 환한 별빛 아래 번쩍 하는 것이 그의 무릎에 놓였다. 그는 그 헝겊으로 눈만 내놓고는 머리, 이마, 귀, 입, 코 할 것 없이 싸고 무릎에 놓인 것을 잡더니 마루 위에 살짝 올라섰다.

이 때 방 안에서,

"무어는 무어야? 개가 그리는 게지."

사내의 소리가 나더니 삭스르럭 성냥 긋는 소리가 들렸다. 윤호는 주춤하다가 빳빳이 다시 섰다.

6

낮이면 돈을 만지고 밤이면 계집을 어르는 것으로 한없는 쾌락을 삼는 이 주사는 어쩐지 오늘 밤따라 마음이 뒤숭숭하여 졸음이 오지 않았다. 끼고 누웠던 진줏집을 깨워서 술을 데워 서너 잔이나 마시었으나 역시 잠들 수 없었다. 눈을 감으면 무엇이 와 덮치는 것 같기도 하고 눈을 뜨면 마루에서 무슨 소리가 들리는 듯도 하였다. 머리맡에 켜 놓은 촛불의 거물거물하는 것까지 무슨 시뻘건 눈알이 노려보는 듯해서 꺼버렸다.

"여보, 잡시다. 왜 잠을 못 드우?"

"글쎄, 졸음이 안 오는구려."

이 주사는 진줏집 말에 대답은 하였으나 자기 입으로, 자기 넋으로 나오는 소리 같지가 않았다. 그는 눈 감았다 뜰 때에 벽에 해쓱한 그림자가 서 있는 것을 보고 여러 번 가슴이 꿈틀꿈틀하였다. 그러다가도 그 그림자가 의복이라고 생각하면 좀 맘이 피였다. 그렇게 생각하고 그 그림자에 여러 번 속았다. 그는 여러 번 베개 너머로 손을 자리 밑에 넣어 보았다.

큼직한 것이 손에 만져지면 그는 큰 숨을 화 쉬었다. 그는 이렇게 애 쓰다가 삼경이 지나서 겨우 잠이 소르르 들자마자 무슨 소리에 놀라 깨었다. 진줏집도 이 주사가 와뜰 놀라는 바람에 깨었다. 그 소리는 마루 아래 개가 으르릉 웡! 짖는 소리였다. 이 주사는 가슴에서 널장*이 뚝 떨어졌다.

"으흥! 이 개!"

그는 겁결에 소리를 쳤으나 뛰노는 가슴을 진정할 수 없었다. 더욱 왈칵 내닫는 개가 깜짝 소리 없는 것이 의심스러웠다. 그러나 마루가 우쩍 하는 것이 무에 담박 들이미는 것 같았다.

"마루에서 무엔구!"

진줏집은 초에다가 불을 켰다.

"무에는 무에야 개가 그리는 게지."

이 주사의 소리는 떨렸다. 그는 얼른 자리 밑에 넣었던 뭉치를 끄집어 내어서 꼭 쥐었다.

"어디 내가 내다보구!"

진줏집은 미닫이를 열더니 덧문을 덜컥 벗겨서 열었다. 문 열던 진줏집! 뒤에서 내다보던 이 주사! 벌거벗은 두 남녀는 으악 들이긋는 소리와 같이 그만 푹 주저앉았다. 열린 문으로는 낯을 가린 뻣뻣한 장정이 서리 같은 칼을 들고 나타났다. 장정은 미닫이를 천천히 닫더니,

"목숨을 아끼거든 꼼짝 마라!"

명령을 내렸다. 그 소리는 그리 높지 않으나 시멘트판에 쇳덩어리를

＊널장　낱장의 널빤지.

굴리는 듯하였다. 벌거벗은 남녀는 거들거리는 촛불 속에 수굿이* 앉았다. 두 사람의 낯은 새파랗게 질렸으나 아름다운 살빛! 예쁜 곡선은 여윈 사람에게서는 도저히 볼 수 없는 것이었다.

"이근춘이 네 들어라. 얼마든지 있는 대로 내놔야지 그렇잖으면 네 혼백은 이 칼끝에 날아갈 것이다."

장정은 칼 끝으로 이 주사를 견주면서 노려보았다. 평화와 안락과 춘성이 부르녹았던 방에는 긴장한 공포의 침묵이 흘렀다.

"왜 말이 없지?"

"네, 모다 저금하고 집에는 한 푼도 어 없습니다. 일후에 오시면……."

이 주사는 꿇어 앉아서 부들부들 떤다.

장정은 이 주사를 한참 노려보더니 허허허 웃으면서,

"이놈이 무에 어쩌고 어째? 일후에 오라구? 고사를 지내 봐라! 일후에 오나? 어서 내라……. 이놈이 칼맛을 보아야 하겠군!"

하더니 유들유들한 이 주사의 몸을 잡아끌었다. 이 주사는 끌리면서도 꼭 모은 다리는 펴지 않았다.

"이놈아, 그래 못 줄 테냐?"

서리 같은 칼 끝은 이 주사의 목에 닿았다.

"끽끽! 칙칙!"

여자는 낯을 가리고 부들부들 떨면서 속으로 운다.

"아…… 아 안 그리…… 제발 살려 줍시오."

이 주사는 두 다리 새에 끼었던 커단 뭉치를 끄집어 내면서,

"모두 여기 있습니다. 제발 살려 줍쇼!"

하고 말도 바로 못 한다. 장정은 이 주사의 목을 놓고 그 뭉치를 받더니 싼 것을 벗기고 속을 보았다.

---

* 수굿이 '수긋이'의 방언으로, '좀 숙은 듯'이라는 뜻.

"인제는 갈 테니 네 손으로 대문 벗겨라."

장정은 명령을 내렸다. 이 주사는 부들부들 떨면서 대문을 벗겼다. 대문 밖에 나선 장정은 홱 돌아서서 이 주사를 보더니,

"흥! 낸들 이 노릇이 좋아서 하는 줄 아니? 나도 양심이 있다. 양심이 아픈 줄 알면서도 이 짓을 한다. 이래야 주니까 말이다. 잘 있거라!"

하고 장정은 어둠 속에 그림자를 감추었다. 대문턱에 벌거벗고 선 이 주사는 오지도 가지도 않고 멀거니 섰다가 몸을 부르르 떨면서 눅눅한 땅에 거꾸러졌다. 사면은 고요하였다. 높고 넓은 하늘에 총총한 별만이 하계의 모든 것을 때룩때룩* 엿보았다.

---

* 때룩때룩 작은 눈을 힘있게 잇따라 굴리는 모양.

부록

작가와 작품 스터디

● 최서해 (1901~1932)

최서해는 함경 북도 성진에서 빈농의 외아들로 태어났으며, 본명은 최학송이다. 어릴 때 한문을 배운 것과 소학교를 다닌 것이 학력의 전부였다.

문학에 유달리 관심이 많았던 그는, 소년 시절에 〈청춘〉, 〈학지광〉과 같은 잡지를 비롯해, 고대 소설과 신소설 등도 닥치는 대로 읽었다. 그는 특히 이광수의 소설을 즐겨 읽었는데, 큰 감명을 받아 당시 도쿄에 머물고 있던 이광수에게 여러 차례 편지를 보내기도 했다.

그가 살다간 시기는 우리 민족의 역사 속에서도 가장 어두운 그늘이 덮여 있었던 일제 강점기였다. 이 때, 일제의 수탈로 땅을 빼앗긴 많은 사람들은 살길을 찾아 간도로 모여들었다. 최서해 역시 부푼 희망을 안고 간도에 발을 들였지만, 오히려 고향에서보다 더 큰 고초를 겪어야 했다. 간도에서 그는 머슴, 두부 장수, 막노동꾼 등 최하층민의 생활을 하게 되는데, 이러한 쓰라린 경험은 초기 단편 소설의 주요 소재가 되고 있다.

1923년 봄에 간도에서 귀국했으며, 이듬해 동아 일보에 〈토혈〉을 발표했다. 이를 계기로 이광수와 더욱 빈번하게 편지를 주고받게 되었으며, 이광수의 소개로 봉선사라는 절에 들어가 출세작 〈탈출기〉를 고쳐 쓰게 된다. 같은 해 〈조선 문단〉에 자신의 체험담인 단편 〈고국〉을 추천받아 문단에 나왔다. 이후 짧은 창작 기간 동안 〈박돌의 죽음〉, 〈기아와 살육〉, 〈폭군〉, 〈백금〉, 〈그믐밤〉, 〈금붕어〉 등 뛰어난 작품을 많이 발표했다.

그는 평생을 통해 가난에 시달렸으며, 네 번의 결혼과 두 자녀를 잃는 등의 굴곡을 경험했다. 이러한 뼈아픈 체험은 그의 작품 속에 고스란히 녹아들어, 더욱 생생하고 절절한 문체의 걸작을 이루고 있다.

● **탈출기** 　가난을 벗어나려고 간도로 향한 '나'는, 그 곳에서 더욱 처절한 경험을 하게 된다. 마침내 더는 갈 곳이 없는 극한 상황에 내몰리게 되자, '나'는 가족을 버리고 집에서 뛰쳐나오게 된다. 그러나 그것은 어디까지나 사회 개혁을 위해서요, 자기 한몸이 편하고자 취한 행동은 아니었다. 이러한 주인공의 행동을 통해 작가는, 살기 좋은 세상을 만들기 위해서는 가족 이기주의마저 포기해야 한다는 메시지를 전달하고 있다.

● **홍염** 　문 서방은 서간도에서 중국인 인가의 땅을 부쳐 먹고 사는 소작인이다. 흉년으로 인해 소작료가 밀리자, 인가는 문 서방의 외동딸 용례를 끌고가 버린다. 이 일로 문 서방의 부인은 자리에 누워 밤낮으로 딸의 이름을 부르다 죽는다. 아내가 죽자 분노에 휩싸인 문 서방은 인가의 집에 불을 지르고 인가를 죽인다. 〈홍염〉은 작가 자신의 장모가 멀리 떠나보낸 딸을 만나 보지도 못하고 임종한 사실을 바탕으로 쓰여진 작품이다.

● **그믐밤** 　삼돌이는 김 좌수 집에서 온갖 구박을 견디며 머슴살이를 하고 있다. 그러던 어느 날, 김 좌수는 병에 걸린 자신의 아들에게 약으로 먹이기 위해 삼돌이의 목살을 떼어 내려다가 그만 삼돌이를 죽이고 만다. 삼돌이는 얼마나 원통했던지 귀신이 되어 나타나 일가족에게 끔찍한 복수를 하게 된다. 최서해의 작품 중에는 가진 자의 횡포에 고통당한 주인공이 이처럼 처절한 복수를 펼치면서 끝을 맺는 경우가 많다.

● **박돌의 죽음** 　박돌 어미는 자정이 훨씬 넘은 한밤중에 의원집 대문을 다급하게 두드린다. 아들 박돌이가 몹시 아프기 때문이다. 그러나 의사 김 초시는 왕진은 물론이고, 약을 지어 달라는 박돌 어미의 간곡한 청을 무시해 버린다. 그녀가 왕진비나 약값을 갚을 능력이 없으리라는 계산 때문이다. 결국 박돌은 상한 고등어를 먹고 탈이 나 죽음에 이르고, 실성한 박돌 어미는 김 초시를 찾아가 앙갚음을 한다.

논술 가이드

〈탈출기〉의 두 대목입니다. 제시문을 읽고 다음 문제에 답하시오.
[문항 1]

> 군은 ××단에 몸을 던져 ×선에 섰다는 말을 일전 황군에게서 듣기는 하였으나, 그렇다 하여도 나는 그것을 시인할 수 없다. 가족을 못 살리는 힘으로 어찌 사회를 건지랴.

> 김군! 나는 더 참을 수 없었다. 나는 나부터 살려고 한다. 이 때까지는 최면술에 걸린 송장이었다. 제가 죽은 송장으로 남(식구들)을 어찌 살리랴? 그러려면 나는 나에게 최면술을 걸려는 무리를, 험악한 이 공기의 원류를 쳐부수어야 하는 것이다.

(1) 첫번째는 주인공 '나'의 친구가 주인공에게 쓴 편지의 한 대목이고, 두 번째는 '내'가 친구를 향해 한 말입니다. 두 사람의 의견은 어떻게 다른지 살펴보고, 어느 한쪽의 의견에 동조하여 그것을 설득력 있게 주장해 봅시다.

----

(2) 주인공이 두 번째 대목처럼 말하게 된 것은 어떠한 현실 때문이었나요? 작품 전체에 감도는 배경과 분위기를 바탕으로 하여 자신의 의견을 써 봅시다.

〈홍염〉의 두 대목입니다. 제시문을 읽고 다음 문제에 답하시오.

[문항 2]

> 겨울은 이 가난한 —— 백두산 서북편 서간도 한 귀퉁이에 있는 이 가난한 촌락 빼허(백하)에도 찾아들었다. (중략) 오늘도 눈보라가 친다. 북극의 얼음 세계나 거쳐 오는 듯한 차디찬 바람이 우 하고 몰려오는 때면 산봉우리와 엉성한 가지 끝에 쌓였던 눈들이 한꺼번에 휘날려서 이 좁은 산골은 뿌연 눈안개 속에 들게 된다.

> "용례야! 놀라지 마라! 나다! 아버지다! 용례야!"
> 문 서방은 딸을 품에 안으니 이 때까지 악만 찼던 가슴이 스르르 풀리면서 독살이 올랐던 눈에서 뜨거운 눈물이 떨어졌다. 이렇게 슬픈 중에도 그의 마음은 기쁘고 시원했다. 하늘과 땅을 주어도 그 기쁨을 바꿀 것 같지 않았다.

(1) 첫번째 글은 작품의 무대가 되는 빼허에 대한 묘사입니다. 이 부분에서 '가난한 촌락', '눈보라', '차디찬 바람'과 같은 설정은 작품에 어떠한 분위기를 더하고 있는지 생각해 봅시다.

----

(2) 두 번째 글은 이 작품의 마지막 대목인데, 복수를 마친 주인공의 뒷일을 보장하지 않는 것이 최서해 작품의 주된 특징 가운데 하나입니다. 문 서방과 그의 딸 용례의 앞날이 어떻게 되는지 상상하여 써 봅시다.

〈그믐밤〉의 두 대목입니다. 제시문을 읽고 다음 문제에 답하시오.

[문항 3]

> 그는 그 자리에 주저앉아 울었다. 목이 메어 소리는 나오지 않고 눈물만 쫙쫙 흐르고 가슴이 콱콱 막혀서 주먹으로 가슴만 꽝꽝 쳤다.

> "삼 년이나 우리 집에 있으니 그저 참 우리 식구나 다름이 없는 처지요, 또 우리도 아들 겸 멕이든 판이니 말이지마는…… 야…… 아픈 대로 네 목 괴기를 조금만 떼자…… 응."
> 김 좌수는 말을 마치자 숨이 찬 듯이 한숨을 휴 쉬었다.
> "이 사람 동생을 살리는 셈 대고 한번 들어 주게. 제발…… 응…… 자네게 우리 아이 목숨이 달렸네."

(1) 첫번째 글은 뱀 사냥에 실패한 삼돌이의 비참한 심정을 다룬 대목입니다. 이 부분에서는 작가가 의태어를 겹쳐 사용하고 있는데, 밑줄 그은 부분을 삼돌이의 심경을 잘 나타낼 수 있는 다른 의태어로 바꾸어 봅시다.

- -

- -

(2) 두 번째 글은 김 좌수가 삼돌이의 목살을 베기 위해 달콤한 말로 설득하는 장면입니다. 이 장면에서 엿보이는 가진 자의 파렴치한 횡포를 비판하는 글을 써 봅시다.

- -

- -

- -

〈박돌의 죽음〉의 두 대목입니다. 제시문을 읽고 다음 문제에 답하시오.

[문항 4]

> "흥, 그리게 뉘기 주나?"
> 의사는 방문을 닫으면서 승리나 한 듯이 콧소리를 친다.
> "약만 주어 보오? 그놈의 약장 도끼로 바사 놓게."
> 의사의 내외는 다시 불을 끄고 자리에 누웠으나 두루 뒤숭숭하여 잠이 오지 않았다.

> 살이 피둥피둥하고 얼굴이 검붉은 자가 박돌의 목을 매어 끌고 험한 가시밭 속으로 달아난다.
> "애고! 애고! 제마! 제마!"
> 박돌의 몸은 돌에 부딪히고 가시에 찢겨 온몸이 피투성이가 되었다. 피투성이 속으로 울려나오는 박돌의 신음 소리가 쩌릿쩌릿하게 들렸다.

(1) 첫번째 글은 박돌 어미를 돌려보내고 난 뒤에 김 초시 부부가 대화를 나누는 장면입니다. 의사 내외가 뒤숭숭하여 잠을 못 이룬 까닭은 무엇 때문일까요? 그들의 심리 상태를 짐작해 봅시다.

----

(2) 두 번째 글은 박돌 어미가 실성하여 환상을 보는 장면입니다. '살이 피둥피둥하고 얼굴이 검붉은 자'는 누구를 빗대어 씌어진 표현일까요? 또, 어째서 이 같은 표현을 썼는지 작가의 의도에 대해 서술해 봅시다.

〈베스트논술 한국대표문학〉(전60권) 목록

권별	작품	작가
1	무정 I	이광수
2	무정 II	이광수
3	무명 · 꿈 · 옥수수 · 할멈	이광수
4	감자 · 시골 황 서방 · 광화사 · 붉은 산 · 김연실전 외	김동인
5	발가락이 닮았다 · 왕부의 낙조 · 전제자 · 명문 외	김동인
6	배따라기 · 약한 자의 슬픔 · 광염 소나타 외	김동인
7	B사감과 러브레터 · 서투른 도적 · 술 권하는 사회 · 빈처 외	현진건
8	운수 좋은 날 · 까막잡기 · 연애의 청산 · 정조와 약가 외	현진건
9	벙어리 삼룡이 · 뽕 · 젊은이의 시절 · 행랑 자식 외	나도향
10	물레방아 · 꿈 · 계집 하인 · 별을 안거든 우지나 말 걸 외	나도향
11	상록수 I	심훈
12	상록수 II	심훈
13	탈춤 · 황공의 최후 / 적빈 · 꺼래이 · 혼명에서 외	심훈 / 백신애
14	태평 천하	채만식
15	레디메이드 인생 · 순공 있는 일요일 · 쑥국새 외	채만식
16	명일 · 미스터 방 · 민족의 죄인 · 병이 낫거든 외	채만식
17	동백꽃 · 산골 나그네 · 노다지 · 총각과 맹꽁이 외	김유정
18	금 따는 콩밭 · 봄봄 · 따라지 · 소낙비 · 만무방 외	김유정
19	백치 아다다 · 마부 · 병풍에 그린 닭이 · 신기루 외	계용묵
20	표본실의 청개구리 · 두 파산 · 이사 외 / 모범 경작생	염상섭 / 박영준
21	탈출기 · 홍염 · 고국 · 그믐밤 · 폭군 · 박돌의 죽음 외	최서해
22	메밀꽃 필 무렵 · 낙엽기 · 돈 · 석류 · 들 · 수탉 외	이효석
23	분녀 · 개살구 · 산 · 오리온과 능금 · 가을과 산양 외	이효석
24	무녀도 · 역마 · 까치 소리 · 화랑의 후예 · 등신불 외	김동리
25	하수도 공사 / 지맥 / 그 날의 햇빛은 · 갈가마귀 그 소리	박화성 / 최정희 / 손소희
26	지하촌 · 소금 · 원고료 이백 원 외 / 경희	강경애 / 나혜석
27	제3인간형 / 제일과 제일장 외 / 사랑 손님과 어머니 외	안수길 / 이무영 / 주요섭
28	날개 · 오감도 · 지주 회시 · 환시기 · 실화 · 권태 외	이상
29	봉별기 · 종생기 · 조춘점묘 · 지도의 암실 · 추등잡필	이상
30	화수분 외 / 김 강사와 T교수 · 창랑 정기 / 성황당	전영택 / 유진오 / 정비석

권별	작품	작가
31	민촌 / 해방 전후 · 달밤 외 / 과도기 · 강아지	이기영 / 이태준 / 한설야
32	소설가 구보씨의 일일 / 장삼이사 · 비오는 길 /	박태원 / 최명익
	석공 조합 대표 · 낙동강 · 농촌 사람들 · 저기압	송영 / 조명희
33	모래톱 이야기 · 사하촌 외 / 갯마을 / 혈맥 / 전황당인보기	김정한 / 오영수 / 김영수 / 정한숙
34	바비도 외 / 요한 시집 / 젊은 느티나무 외 / 실비명 외	김성한 / 장용학 / 강신재 / 김이석
35	잉여 인간 / 불꽃 / 꺼삐딴 리 · 사수 / 연기된 재판	손창섭 / 선우휘 / 전광용 / 유주현
36	탈향 외 / 수난 이대 외 / 유예 / 오발탄 외 / 4월의 끝	이호철/ 하근찬/ 오상원/ 이범선/ 한수산
37	총독의 소리 / 유형의 땅 / 세례 요한의 돌	최인훈 / 조정래 / 정을병
38	어둠의 혼 / 개미귀신 / 무진 기행 · 서울 1964년 겨울 외	김원일 / 이외수 / 김승옥
39	뫼비우스의 띠 / 악령 / 식구	조세희 / 김주영 / 박범신
	관촌 수필 / 기억 속의 들꽃 / 젊은 날의 초상	이문구 / 윤흥길 / 이문열
40	김소월 시집	김소월
41	윤동주 시집	윤동주
42	한용운 시집	한용운
43	한국 고전 시가와 수필	유리왕 외
44	한국 대표 수필선	김진섭 외
45	한국 대표 시조선	이규보 외
46	한국 대표 시선	최남선 외
47	혈의 누 · 모란봉	이인직
48	귀의 성	이인직
49	금수 회의록 · 공진회 / 추월색	안국선 / 최찬식
50	자유종 · 구마검 / 애국부인전 / 꿈하늘	이해조 / 장지연 / 신채호
51	삼국유사	일연
52	금오신화 / 홍길동전 / 임진록	김시습 / 허균 / 작자 미상
53	인현왕후전 / 계축일기	작자 미상
54	난중일기	이순신
55	흥부전 / 장화홍련전 / 토끼전 / 배비장전	작자 미상
56	춘향전 / 심청전 / 박씨전	작자 미상
57	구운몽 · 사씨 남정기	김만중
58	한중록	혜경궁 홍씨
59	열하일기	박지원
60	목민심서	정약용

〈베스트 논술 한국대표문학〉에 실린 소설과 교과서 대조표

*〈베스트 논술 한국대표문학〉에 실린 소설과 현행 국어·문학 18종 교과서의 수록 내용을 비교·분석하였다.

● 초등 학교 교과서(국어)

금오신화, 구운몽, 심청전,
흥부전, 토끼전, 박씨전,
장화홍련전, 홍길동전

● 국정 교과서

작품	작가	교과목
고향	현진건	고등 학교 문법
동백꽃	김유정	중학교 국어 2-1, 중학교 국어 3-1
벙어리 삼룡이	나도향	중학교 국어 1-1
봄봄	김유정	고등 학교 국어(상)
사랑 손님과 어머니	주요섭	중학교 국어 2-1
오발탄	이범선	중학교 국어 3-1
운수 좋은 날	현진건	중학교 국어 3-1

● 고등 학교 문학 교과서

작품	작품	출판사
감자	김동인	교학, 지학, 디딤돌, 상문
갯마을	오영수	문원, 형설
고향	현진건	두산, 지학, 청문, 중앙, 교학, 문원, 민중, 블랙, 디딤돌
관촌 수필	이문구	지학, 문원, 블랙
광염 소나타	김동인	천재, 태성

금 따는 콩밭	김유정	중앙
금수회의록	안국선	지학, 문원, 블랙, 교학, 대한, 태성, 청문, 디딤돌
김 강사와 T교수	유진오	중앙
까마귀	이태준	민중
꺼삐딴 리	전광용	지학, 중앙, 두산, 블랙, 디딤돌, 천재, 케이스
날개	이상	문원, 교학, 중앙, 민중, 천재, 형설, 청문, 태성, 케이스
논 이야기	채만식	두산, 상문, 중앙, 교학
닳아지는 살들	이호철	천재, 청문
동백꽃	김유정	금성, 두산, 블랙, 교학, 상문, 중앙, 지학, 태성, 형설, 디딤돌, 케이스
두 파산	염상섭	문원, 상문, 천재, 교학
등신불	김동리	중앙, 두산
만무방	김유정	민중, 천재, 두산
메밀꽃 필 무렵	이효석	금성, 상문, 중앙, 교학, 문원, 민중, 블랙, 디딤돌, 지학, 청문, 천재, 케이스
모래톱 이야기	김정한	디딤돌, 교학, 문원
모범경작생	박영준	중앙
뫼비우스의 띠	조세희	두산, 블랙
무녀도	김동리	천재, 지학, 청문, 금성, 문원, 민중, 케이스

작품	작가	출판사
무정	이광수	디딤돌, 금성, 두산, 교학, 한교
무진기행	김승옥	두산, 천재, 태성, 교학, 문원, 민중, 케이스
바비도	김성한	민중, 상문
배따라기	김동인	상문, 형설, 중앙
벙어리 삼룡이	나도향	민중
복덕방	이태준	블랙, 교학
봄봄	김유정	디딤돌, 문원
붉은 산	김동인	중앙
B사감과 러브레터	현진건	교학
사랑 손님과 어머니	주요섭	중앙, 디딤돌, 민중, 상문
사수	전광용	두산
사하촌	김정한	중앙, 문원, 민중
산	이효석	문원, 형설
서울, 1964년 겨울	김승옥	문원, 블랙, 천재, 교학, 지학, 중앙
성황당	정비석	형설
소설가 구보씨의 일일	박태원	중앙, 천재, 교학, 대한, 형설, 문원, 민중
수난 이대	하근찬	교학, 지학, 중앙, 문원, 민중, 디딤돌, 케이스
애국부인전	장지연	지학, 한교
어둠의 혼	김원일	천재
역마	김동리	교학, 두산, 천재, 태성, 형설, 상문, 디딤돌
역사	김승옥	중앙
오발탄	이범선	교학, 중앙, 금성, 두산
요한 시집	장용학	교학
운수 좋은 날	현진건	금성, 문원, 천재, 지학, 민중, 두산, 디딤돌, 케이스
유예	오상원	블랙, 천재, 중앙, 교학, 디딤돌, 민중
자유종	이해조	지학, 한교
장삼이사	최명익	천재
전황당인보기	정한숙	중앙
젊은 날의 초상	이문열	지학
젊은 느티나무	강신재	블랙, 중앙, 문원, 상문
제일과 제일장	이무영	중앙
치숙	채만식	문원, 청문, 중앙, 민중, 상문, 케이스
탈출기	최서해	형설, 두산, 민중
탈향	이호철	케이스
태평 천하	채만식	지학, 금성, 블랙, 교학, 형설, 태성, 디딤돌
표본실의 청개구리	염상섭	금성
학마을 사람들	이범선	민중
할머니의 죽음	현진건	중앙
해방 전후	이태준	천재
혈의 누	이인직	천재, 금성, 민중, 교학, 태성, 청문
홍염	최서해	상문, 지학, 금성, 두산, 케이스
화수분	전영택	태성, 중앙, 디딤돌, 블랙

〈베스트 논술 한국대표문학〉에 실린 시와 교과서 대조표

* 〈베스트 논술 한국대표문학〉에 실린 시와 현행 국어 · 문학 18종 교과서의 수록 내용을 비교 · 분석하였다.

작품	작가	출판사
가는 길	김소월	지학, 블랙, 민중
가을의 기도	김현승	블랙
겨울 바다	김남조	지학
고향	백석	형설
국경의 밤	김동환	지학, 천재, 금성, 블랙, 태성
국화 옆에서	서정주	민중
귀천	천상병	지학, 디딤돌
귀촉도	서정주	지학
그 날이 오면	심훈	지학, 블랙, 교학, 중앙
그대들 돌아오시니	정지용	두산
그 먼 나라를 알으십니까	신석정	교학, 대한
껍데기는 가라	신동엽	지학, 천재, 금성, 블랙, 교학, 한교, 상문, 형설, 청문
꽃	김춘수	금성, 문원, 교학, 중앙, 형설
끝없는 강물이 흐르네	김영랑	디딤, 교학
나그네	박목월	천재, 블랙, 중앙, 한교
나룻배와 행인	한용운	문원, 블랙, 대한, 형설
남신의주 유동 박시봉방	백석	지학, 두산, 상문

작품	작가	출판사
남으로 창을 내겠소	김상용	지학, 한교, 상문
내 마음은	김동명	중앙, 상문
내 마음을 아실 이	김영랑	한교
농무	신경림	지학, 디딤, 금성, 블랙, 교학, 형설, 청문
누가 하늘을 보았다 하는가	신동엽	두산
눈길	고은	문원
님의 침묵	한용운	지학, 천재, 두산, 교학, 민중, 한교, 태성, 디딤돌
떠나가는 배	박용철	지학, 한교
머슴 대길이	고은	디딤돌, 천재
먼 후일	김소월	청문
모란이 피기까지는	김영랑	지학, 천재, 금성, 형설
목계 장터	신경림	문원, 한교, 청문
목마와 숙녀	박인환	민중
바다와 나비	김기림	금성, 블랙, 한교, 대한, 형설
바위	유치환	금성, 문원, 중앙, 한교
별 헤는 밤	윤동주	문원, 민중
봄은 간다	김억	한교, 교학
봄은 고양이로다	이장희	블랙

작품	작가	출판사
불놀이	주요한	금성, 형설
빼앗긴 들에도 봄은 오는가	이상화	지학, 천재, 문원, 블랙, 디딤돌, 중앙
산 너머 남촌에는	김동환	천재, 블랙, 민중
산유화	김소월	두산, 민중
살아 있는 것이 있다면	박인환	대한, 교학
살아 있는 날은	이해인	교학
생명의 서	유치환	한교, 대한
샤갈의 마을에 내리는 눈	김춘수	지학, 블랙, 태성
서시	윤동주	디딤돌, 민중
설일	김남조	교학
성묘	고은	교학
성북동 비둘기	김광섭	지학
쉽게 씌어진 시	윤동주	지학, 디딤돌, 중앙
승무	조지훈	지학, 디딤돌, 금성
알 수 없어요	한용운	중앙, 대한
어서 너는 오너라	박두진	디딤돌, 금성, 한교, 교학
오감도	이상	디딤돌, 대한
와사등	김광균	민중
우리가 물이 되어	강은교	지학, 문원, 교학, 형설, 청문, 디딤돌
우리 오빠의 화로	임화	디딤돌, 대한
울음이 타는 가을 강	박재삼	지학, 교학
자수	허영자	교학

작품	작가	출판사
자화상	노천명	민중
절정	이육사	지학, 천재, 금성, 두산, 문원, 블랙, 교학, 태성, 청문, 디딤돌
접동새	김소월	교학, 한교
조그만 사랑 노래	황동규	문원, 중앙
즐거운 편지	황동규	지학, 형설, 청문
진달래꽃	김소월	천재, 태성
청노루	박목월	지학, 문원, 상문
초토의 시 8	구상	지학, 천재, 두산, 상문, 태성
초혼	김소월	디딤돌, 금성, 문원
타는 목마름으로	김지하	디딤돌, 금성, 문원, 민중
풀	김수영	지학, 금성, 민중, 한교, 태성
프란츠 카프카	오규원	천재, 태성
피아노	전봉건	태성
해	박두진	두산, 블랙, 민중, 형설
해에게서 소년에게	최남선	지학, 천재, 금성, 두산, 문원, 민중, 한교, 대한, 형설, 태성, 청문, 디딤돌
향수	정지용	지학, 문원, 블랙, 교학, 한교, 상문, 청문, 디딤돌

〈베스트 논술 한국대표문학〉에 실린 시조와 교과서 대조표

* 〈베스트 논술 한국대표문학〉에 실린 시조와 현행 국어 · 문학 18종 교과서의 수록 내용을 비교 · 분석하였다.

작품	작가	출판사
가노라 삼각산아	김상헌	교학, 형설
가마귀 눈비 맞아	백팽년	교학
가마귀 싸우는 골에	정몽주 어머니	교학
강호 사시가	맹사성	디딤돌, 두산, 교학
고산구곡	이이	한교
공명을 즐겨 마라	김삼현	지학
구름이 무심탄 말이	이존오	천재
국화야 너난 어이	이정보	블랙
녹초 청강상에	서익	지학
농암가	이현보	민중
뉘라서 가마귀를	박효관	교학
님 그린 상사몽이	박효관	천재
대추볼 붉은 골에	황희	중앙
도산 십이곡	이황	디딤돌, 블랙, 민중, 형설, 태성
동짓달 기나긴 밤을	황진이	지학, 천재, 금성, 두산, 문원, 교학, 상문, 대한
마음이 어린후니	서경덕	지학, 금성, 블랙, 한교
말없는 청산이요	성혼	지학, 천재
방안에 혔는 촉불	이개	천재, 금성, 교학
백구야 말 물어보자	김천택	지학
백설이 자자진 골에	이색	지학
삭풍은 나무끝에	김종서	중앙, 형설
산촌에 눈이 오니	신흠	지학

작품	작가	출판사
삼동에 베옷 닙고	조식	지학, 형설
산인교 나린 물이	정도전	천재
수양산 바라보며	성삼문	천재, 교학
십년을 경영하여	송순	지학, 금성, 블랙, 중앙, 한교, 상문, 대한, 형설
어리고 성긴 매화	안민영	형설
어부사시사	윤선도	금성, 문원, 민중, 상문, 대한, 형설, 청문
오리의 짧은 다리	김구	청문
오백년 도읍지를	길재	블랙, 청문
오우가	윤선도	형설
이몸이 죽어가서	성삼문	지학, 두산, 민중, 대한, 형설
이시렴 부디 갈다	성종	지학
이화에 월백하고	이조년	디딤돌, 천재, 두산
이화우 흣뿌릴 제	계랑	한교
재너머 성권농 집에	정철	천재, 형설
천만리 머나먼 길에	왕방연	문원, 블랙
청산리 벽계수야	황진이	지학
추강에 밤이 드니	월산대군	천재, 금성, 민중
춘산에 눈녹인 바람	우탁	디딤돌
풍상이 섞어 친 날에	송순	지학, 청문
한손에 막대 잡고	우탁	금성
훈민가	정철	지학, 금성
흥망이 유수하니	원천석	천재, 중앙, 한교, 디딤돌, 대한

〈베스트 논술 한국대표문학〉에 실린 수필과 교과서 대조표

* 〈베스트 논술 한국대표문학〉에 실린 수필과 현행 국어 · 문학 18종 교과서의 수록 내용을 비교 · 분석하였다.

작품	작가	출판사
가난한 날의 행복	김소운	천재
가람 일기	이병기	지학
구두	계용묵	디딤돌, 문원, 상문, 대한
그믐달	나도향	블랙, 태성
꼴찌에게 보내는 갈채	박완서	태성
나무	이양하	상문
나무의 위의	이양하	문원, 태성
낭객의 신년 만필	신채호	두산, 블랙, 한교
딸깍발이	이희승	지학, 디딤돌, 청문
멋없는 세상 멋있는 사람	김태길	중앙
무궁화	이양하	디딤돌
백설부	김진섭	지학, 천재, 형설, 태성, 청문
생활인의 철학	김진섭	지학, 태성
수필	피천득	지학, 천재, 한교, 태성, 청문
수학이 모르는 지혜	김형석	청문
슬픔에 관하여	유달영	문원, 중앙
웃음설	양주동	교학, 태성
은전 한 닢	피천득	금성, 대한
이야기	피천득	지학, 청문
인생의 묘미	김소운	지학
지조론	조지훈	블랙, 한교
청춘 예찬	민태원	금성, 블랙
특급품	김소운	교학
폭포와 분수	이어령	지학, 블랙
피딴 문답	김소운	디딤돌, 금성, 한교
행복의 메타포	안병욱	교학
헐려 짓는 광화문	설의식	두산

베스트 논술 한국 대표문학 ㉑

탈출기 외

지은이 최서해
펴낸이 류성관
펴낸곳 SR&B(새로본닷컴)
주 소 서울특별시 마포구 망원동 463-2번지
전 화 02)333-5413
팩 스 02)333-5418
등 록 제10-2307호
인 쇄 만리 인쇄사